THE ARMY OF THE SUTLEJ

Casualties compiled from the Sutlej Medal Rolls held at the India Office Library and Records - REFERENCE L/Mil/5/70
   Bengal Officers Casualty Rolls 1836-78 - Reference L/Mil/10/105
   India Register 1846 and 1847
   Bengal and Agra Directory 1846 and 1847
   Public Record Office - Muster Rolls of the 10th Foot 1845-46 Reference W.O. 12-2783.

Abberviations:- M - Moodkee; F - Ferozeshuhur; A - Aliwal; S - Sobraon
   I.T.E. - Invalided to England
   K.I.A. - Killed in Action
   D.O.W. - Died of Wounds
   W   - Wounded

Where two or more Regimental Numbers appear, the variations shown are those which are on Muster Rolls or Medal Rolls.

```
   Moodkee              Ferozeshuhur             Aliwal              Sobraon
3rd Light Dgns.      3rd Light Dgns.         3rd Light Dgns       3rd Light Dgns - 391
57 Killed            55 Killed               51 Claims, 46        10 Sobraon only
526 Medals claimed   6 Medals claimed for    having Aliwal        9th Lancers  - 637
9th Foot  - 899      Ferozeshuhur            in exergue           16th   "     - 436
31st  "   - 877      52 Total issue          16th Lancers-551     9th Foot     - 637
50th  "   - 703       9th Foot  - 866        31st Foot    -524    10th  "      - 778
80th  "   - 824       29th  "   - 784        50th  "      -629    29th  "      - 612
                      31st  "   - 721        53rd  "      -708    31st  "      - 503
                      50th  "   - 509        62nd  "   4 Aliwal   50th  "      - 571
                      62nd  "  120 Killed only 47 with Sobraon    53rd  "      - 760
                      870 medals claimed     80th Foot  6 Aliwal  62nd  "      - 662
                      80th Foot - 817        only 18 with Sobraon 80th  "      - 694
                                                                  1st Btn Royal Munster
                                                                  Fusiliers    - 565
                                                                  (I.Bengal European Regiment)
```

Above are the numbers quoted by 'Gordon' as having been present at the different engagements. Numbers killed vary slightly from those on the attached lists but if those shown as D.O.W. are added the totals compare reasonably well.

3rd LIGHT DRAGOONS

NO.	NAME	RANK	CAS	DATE	ACTION
	Herries William R	Capt	K.I.A.	18.12.45	M
	Codd J E	Lieut	"	21.12.45	M F
	Newton G	"	"	18.12.45	M
	Ellis H	Cornet	"	21.12.45	M F
	Worley E	"	"	18.12.45	M
713	Mulholland John	T.S.M.	"	"	M
1501	Baker George	Sgt	"	21. 1.46	A
1373	Clarke William J	"	"	21.12.45	M F
877	Dunn Thomas	"	"	18.12.45	M
750	Gibson James	"	"	"	M
645	Liddy Benjamin	"	"	"	M
440	McKinlay James	"	"	"	M
525	Wallace Thomas	"	"	21.12.45	M F
1113	Britt Matthew	Cpl	"	"	M F
774	Crosslow John	"	"	18.12.45	M
1224	Douglas Henry	"	"	21.12.45	M F
1144	Hinds Samuel	"	"	"	M. F
1172	Parfit George	"	"	"	M F
1107	Ryall Robert	"	"	"	M F
1037	Seton Frederick	"	"	"	M F
1051	Ward James	"	"	18.12.45	M
794	Fryett George	Trmpr	"	"	M
966	Myers William	"	"	21.12.45	M F
984	Abbott Samuel	Pte	"	18.12.45	M
1061	Adcock Stephen	"	"	21.12.45	M F
1548	Alexander John W	"	"	21. 1.46	A
1314	Allen Matthew	"	"	18.12.45	M

No.	Name	Rank	Status	Date			
1001	Bartlett Henry	Pte	K.I.A.	21.12.45	M		
1352	Beckley Isaac	"	"	"	M	F	
1176	Bell William	"	"	10. 2.46	M	F	S
1417	Bellingham William	"	"	18.12.45	M		
1281	Blackall William	"	"	21.12.45	M	F	
1035	Bloomfield Charles	"	"	18.12.45	M		
1529	Brien Patrick	"	"	21. 1.46		A	
1182	Browne John	"	"	18.12.45	M		
306	Booth James	"	"	"	M		
1231	Browne Thomas	"	"	"	M		
1032	Bultitude James	"	"	"	M		
1394	Burwell Henry	"	"	"	M		
958	Capel James	"	"	21.12.45	M	F	
1160	Cart John	"	"	"	M	F	
1367	Clark Charles	"	"	18.12.45	M		
258	Clarke James	"	"	21.12.45	M	F	
766	Clarke John	"	"	18.12.45	M		
1491	Clive Henry	"	"	21.12.45	M	F	
660	Coles John	"	"	18.12.45	M		
542	Connell Patrick	"	"	"	M		
1374	Cowles John	"	"	"	M		
695	Craggs Nathaniel	"	"	21.12.45	M	F	
1016	Crouch Henry	"	"	18.12.45	M		
1073	Dean John	"	"	21.12.45	M	F	
1402	Denman James Henry	"	"	"	M	F	
378	Dixon James	"	"	18.12.45	M		
1339	Drewitt William	"	"	21.12.45	M	F	
1246	Driver William	"	"	10. 2.46	M	F	S
671	Duggan Rhody	"	"	18.12.45	M		
977	Ellison James	"	"	"	M		
1299	Feare William	"	"	21.12.45	M	F	
292	Fennell John	"	"	"	M	F	
1349	Freeman John	"	"	18.12.45	M		
1466	Fuller William	"	"	"	M		
993	Gibban Martin	"	"	"	M		
1425	Glynn John	"	"	"	M		
1278	Gooden John	"	"	10. 2.46	M	F	S
1492	Grant John	"	"	21.12.45	M	F	
455	Gregory John	"	"	"	M	F	
1243	Grey John Mosley	"	"	22.12.45	M	F	
802	Hadson William	"	"	18.12.45	M		
1381	Hanson Joseph	"	"	"	M		
1120	Harris George	"	"	21.12.45	M	F	
1509	Hassard Alexander J	"	"	21. 1.46		A	
523	Hassett John	"	"	18.12.45	M		
1393	Hayes John	"	"	"	M		
1487	Hill Frederick	"	"	10. 2.46	M	F	S
1019	Hobbs Thomas	"	"	18.12.45	M		
1315	Homan John	"	"	21.12.45	M	F	
1209	Hull William	"	"	18.12.45	M		
1318	James William	"	"	21.12.45	M	F	
1346	Jefferd Frederick S	"	"	18.12.45	M		
1486	Jones Thomas	"	"	21.12.45	M	F	
1429	Joy Frederick	"	"	"	M	F	
1420	Keen Benjamin Thomas	"	"	"	M	F	
1302	Kennedy John	"	"	"	M	F	
499	Kennelly John	"	"	"	M	F	
601	Langworthy Edward	"	"	18.12.45	M		
1258	Layman Frederick	"	"	10. 2.46		F	S
887	List William	"	"	18.12.45	M		
1456	Littlewood James	"	"	21.12.45	M	F	
1542	Livermore Daniel	"	"	21. 1.46		A	
1039	McCarthy John	"	"	18.12.45	M		
592	Marshall John	"	"	10. 2.46	M	F	S
1385	Middle Thomas	"	"	18.12.45	M		
1380	Miles Frederick	"	"	"	M		
1189	Miller Robert	"	"	21.12.45	M	F	
1519	Moase John	"	"	21. 1.46		A	
686	Mortimer Richard	"	"	21.12.45	M	F	
1350	Mudge Henry	"	"	"	M	F	
1179	Murray Edward	"	"	"	M	F	
1348	Myers William	"	"	"	M	F	

1206	Neighbour Robert	Pte	K.I.A.	18.12.45	M			
1295	O'Neil Edmund	"	"	"	M			
1008	Pratt William	"	"	"	M			
1392	Preston Francis	"	"	21.12.45	M	F		
1428	Rakeshaw Edmund	"	"	"	M	F		
1452	Richardson Alfred	"	"	"	M	F		
1514	Robson William	"	"	21. 1.46			A	
1462	Sanders Henry	"	"	21.12.45	M	F		
745	Seed George	"		"	M	F		
1433	Seeker Newton or Secker	"	"	"	M	F		
876	Shaw John	"	"	18.12.45	M			
1162	Skillington George	"	"	"	M			
562	Spooner George	"	"	"	M			
1168	Spratt George	"	"	"	M			
1524	Steel Valentine	"	"	28. 1.46			A	
1255	Stevens Samuel	"	"	18.12.45	M			
563	Stubbs George or Stibbs	"	"	21.12.45	M	F		
912	Stoddard George	"	"	18.12.45	M			
1382	Sutton Henry	"	"	"	M			
1059	Tee Thomas	"	"	"	M			
947	Toakley William	"	"	21.12.45	M	F		
1070	Tomlins James	"	"	18.12.45	M			
1086	Townsend John	"	"	"	M			
1033	Turvey John	"	"	"	M			
	White Michael CB	Lt/Col	W	21.12.45	M	F	S	
	Balders C W M	Major	"	"	M	F		
	Fisher S	Capt	"	18.12.45	M			
	Gough J B CB	"	"	10. 2.46	M	F	S	
	Archer-Burton J G	Lieut	"	21.12.45	M	F	S	
	Cureton E B	"	"	18.12.45	M			
	Hawkes J B	"	"	10. 2.46	M	F	S	
	Morgan H C	"	"	21.12.45	M	F		
	Rathwell J	"	"	"	M	F	S	
	Swinton E G	"	"	18.12.45	M			
	White H W	"	"	10. 2.46	M	F	S	
	White J D	"	"	21.12.45	M	F	S	
	Kauntze Go	Cornet	"	18.12.45	M	F	S	
	"	"	"	21.12.45				
	"	"	"	10. 2.46				
	Orme W H	"	"	21.12.45	M	F		
	Crabtree A	Qr/Mstr	"	10. 2.46	M	F	S	
767	Clarke William	T.S.M.	"	18.12.45	M			
784	Eldridge Walter	"	D.O.W.		M	F		
789	Franklin Patrick	"	"		M	F		
1304	Sincock John	"	W	21.12.45	M	F		
668	Walker John	Armr/Sgt	W	"	M	F	S	
636	Carlow John	Sgt	"	"	M	F		
939	Firby John	"	"	"	M	F		(I.T.E.)
917	Hale Henry	"	"	18.12.45	M			
882	Hazell Thomas	"	"	21.12.45	M	F		
1156	Oakley Edward	"	"	"	M	F		
1296	O'Neil Charles	"	"	"	M	F		
552	Parker Richard	"	"	"	M	F		
1003	Ruck Charles	"	"	18.12.45	M			(I.T.E.)
1036	Smith Edward	"	"	10. 2.46	M	F	S	
1287	Bruton Henry	Cpl	"	21.12.45	M	F		
1103	Cooper Charles	"	"	18.12.45	M	F	S	
1311	Hodges Joseph	"	"	21.12.45	M	F		
528	Houragan Richard	"	"	"	M	F	S	
888	Jordan William	"	"	18.12.45	M	F	S	
428	Logan Angus	"	"	21.12.45	M	F		(I.T.E.)
572	Quinlan Andrew	"	"	"	M	F		
1275	Rodman Henry	"	"	"	M	F	S	
418	Grady John	Trmpr	W	10. 2.46	M	F	S	
1368	Adams Samuel	Pte	"	21.12.45	M	F		
1218	Alder William	"	"	"	M	F		
1336	Anderson Stephen	"	"	"	M	F	S	
1409	Appleby Thomas	"	"	"	M	F		
692	Bale Thomas	"	"	"	M	F	S	
1424	Bock Thomas Robertson	"	"	"	M	F	S	

575	Bolton Thomas	Pte	W	18.12.45	M	F	S	
762	Brigham Robert	"	"	21.12.45	M	F	S	
1323	Brookes John	"	"	"	M	F	S	
1444	Brookes Joshua	"	"	"	M	F	S	
763	Browne William	"	"	"	M	F	S	
1360	Burge Thomas	"	"	18.12.45	M		S	
1170	Cameroux Frederick	"	"	21.12.45	M	F		
1136	Carman James	"	"	18.12.45	M			
1080	Coles Henry	"	"	"	M	F	S	
1319	Collier Robert	"	D.O.W.	18. 2.46		F	S	
1453	Cox William	"	W	21.12.45	M	F	S	
564	Craydon Charles	"	"	"	M	F	S	
775	Crowley Thomas	"	"	18.12.45	M		S	
1247	Cummins Andrew	"	"	21.12.45	M	F	S	
507	Dalton John	"	"	18.12.45	M	F	S	
521	Dale Timothy	"	"	21.12.45	M	F	S	
1289	Deardon Joseph	"	"	"	M	F	S	
1270	Dennis Michael	"	"	"	M	F	S	
1467	Dixon Robert	"	D.O.W.		M	F		
1395	Dray James	"	W	10. 2.46	M	F	S	(I.T.E.)
1260	Eden John	"	"	21.12.45	M	F		
1478	Edmonds John	"	"	18.12.45	M	F	S	
371	Elliott Esau	"	"	10. 2.46	M	F	S	
1183	Falk Henry	"	"	18.12.45	M	F	S	
967	Flack Robert	"	"	21.12.45	M	F		
1482	Flinn John	"	"	"	M	F		
788	Forden Patrick	"	D.O.W.		M	F		
398	Gordon John	"	W	18.12.45	M	F	S	
272	Gosson John	"	"	21.12.45	M	F		(I.T.E.)
249	Hall Robert	"	"	"	M	F		
803	Hannah Abraham	"	"	10. 2.46	M	F	S	
975	Harris Charles	"	"	21.12.45	M	F	S	
740	Hartnett Robert	"	D.O.W.		M	F		
1310	Hayward George	"	W	21.12.45	M	F	S	
1366	Hollick Richard	"	"	"	M	F		
1441	Holt Henry John	"	"	"	M	F		
991	Howell Charles O	"	"	"	M	F	S	
885	Hubbard John	"	"	"	M	F	S	
566	Hughes Bernard	"	"	"	M	F		
1167	Hurry James	"	"	18.12.45	M		S	
570	Jones William	"	"	10. 2.46	M	F	S	
1075	Jones William	"	"	21.12.45	M	F		
821	Kearney Thomas	"	"	18.12.45	M		S	
1364	Knight Walter	"	"	21.12.45	M	F	S	
1430	Lawrence Joseph	"	"	"	M	F		(At. Landour)
689	Lewis Thomas	"	"	18.12.45	M			
1053	Linkin Robert	"	"	21.12.45	M	F	S	
1330	Love David	"	"	18.12.45	M			
1285	Luck William	"	"	21.12.45	M	F	S	
422	McCaskie John	"	"	10. 2.46			S	
1294	Mansbridge William	"	"	21.12.45	M	F		
1058	Massen James	"	"	18.12.45	M	F		
970	Masters John	"	"	21.12.45	M	F	S	
1471	Mead Walter	"	"	"	M	F		
1085	Miller Frisby	"	D.O.W.		M			
561	Milton George	"	W	21.12.45	M	F	S	
615	Norton Edward	"	"	18.12.45	M	F	S	
728	O'Brien James	"	"	21.12.45	M	F		(I.T.E.)
639	O'Donnell William	"	"	"	M	F	S	
982	O'Hare James	"	"	10. 2.46	M	F	S	
1015	Ottignon Alexander	"	"	18.12.45	M		S	
569	Palmer Thomas	"	"	10. 2.46	M	F	S	(I.T.E.)
702	Parker Joseph	"	"	"	M	F	S	(I.T.E.)
458	Payne Sharman	"	"	21.12.45	M	F		(I.T.E.)
1104	Penn John	"	"	18.12.45	M		S	
881	Reardon Ephraim	"	"	21.12.45	M	F		
1437	Robertson George	"	"	"	M	F		
520	Ryan James	"	"	"	M	F	S	
986	Shaw Robert	"	"	"	M	F	S	
1327	Sheere Samuel	"	"	"	M	F	S	

1241	Shemming Ambrose	Pte	W	21.12.45	M	F	S	
1184	Simons Aaron	"	"	"	M	F	S	
1284	Smithson John	"	"	18.12.45	M	F	S	
850	Stoneley Randall	"	"	21.12.45	M	F	S	
1403	Swain Charles	"	"	"	M	F	S	
426	Symes William	"	"	18.12.45	M			(I.T.E.) died at Bombay
701	Talbot Thomas	"	"	"	M			(I.T.E.)
853	Taylor William (1)	"	"	21.12.45	M	F	S	
1155	Taylor William (2)	"	"	10. 2.46	M	F	S	
1026	Thomas James	"	"	18.12.45	M			
755	Tierney Patrick	"	"	21.12.45	M	F	S	
1324	Titherage Joseph	"	"	"	M	F	S	
710	Tolley John	"	"	"	M	F	S	
737	Badcock William	Sgt	Died	21. 2.46	M	F	S	
626	Collins Timothy	"	"	8. 6.46		F	S	
1325	Boorn George	Pte	Deserted	1. 8.46	M	F	S	
1517	Gooden Thomas William	"	Died	17. 7.46			A	S
931	Hakeney Thomas	"	"	17. 6.46	M	F	S	
963	Higbid Joseph	"	Deserted	1. 8.46	M	F	S	
1510	Kettle John	"	Died	21. 7.46			A	
607	Patton Hugh	"	"	10. 5.46	M	F	S	
1232	Peas Thomas	"	"	30.12.45	M	F		
1552	Reeves Mark	"	"	6. 2.46			A	
733	Thompson William	"	"	15. 3.46	M	F	S	

9th LANCERS

961	Day Samuel	Pte	K.I.A.	10. 2.46	S	
1421	Elphinstone Frederick	Trmpr	D.O.W.	13. 3.46	S	
	Willoughby Francis D	Capt	Died	27. 4.46	S	
611	Hatton George	Trmpr	"	18. 2.46	S	
537	Higgins William	"	"	12. 7.46	S	
905	Austin Edward	Pte	"	10. 3.46	S	
1033	Begley Samuel	"	"	17. 5.46	S	
1396	Collins George	"	"	22. 3.46	S	
1085	Davis Joseph	"	"	22. 6.46	S	
685	Griffiths John	"	"	27. 7.46	S	
1342	Judd Luke	"	"	12. 7.46	S	
946	McDaniel James	"	"	30. 3.46	S	
638	Pindar Thomas	"	"	27. 3.46	S	
811	Reeve William P	"	Discharged	11. 3.46	S	To England
964	Rayson John	"	Died	17. 7.46	S	
1402	Stead Thomas H	"	"	25. 2.46	S	
622	Tallont Dennis	"	"	23. 6.46	S	
1387	Welch George	"	Sick at Landour		S	

16th LANCERS

	Swetenham H D	Lieut	K.I.A.	28. 1.46			A	
	Williams G B	Cornet	"	"			A	
	Bruce G W K H	"	"	21.12.45	M	F		(Attch 3rd L.Dgns)
971	Brown William	Sgt	"	28. 1.46			A	
938	Batty George	Cpl	"	21. 1.46	No Actions			
1278	Brodie William	"	"	28. 1.46			A	
1211	Grimes Charles	"	"	"			A	
1468	Hurst Henry	"	"	"			A	
932	Simms William	"	"	"			A	
1097	Bates William	Trmpr	"	"			A	
1527	Appleby Henry	Pte	"	"			A	
750	Barber Lebleas	"	"	"			A	
580	Bidwell William	"	"	"			A	
712	Blades Thomas	"	"	"			A	
919	Bossom Thomas	"	"	"			A	
1302	Brown James	"	"	"			A	

1066	Brown Thomas	Pte	K.I.A.	28. 1.46	A
1411	Carroll James	"	"	"	A
1160	Claxton George	"	"	"	A
1335	Clayton Thomas	"	"	"	A
1054	Compton William	"	"	"	A
407	Cowan William	"	"	"	A
1012	Curle Charles	"	"	"	A
1215	Dangerfield John	"	"	"	A
773	Durrant William	"	"	"	A
1034	Elliott Robert	"	"	"	A
1505	Gain Henry	"	"	21. 1.46	No Action
1393	Garrity Richard	"	"	28. 1.46	A
692	Hawkesby John	"	"	"	A
1062	Hitchings Edward	"	"	"	A
1476	Holland John	"	"	"	A
1396	Lawler Edward	"	"	"	A
1060	Lawson Henry	"	"	"	A
1239	MacDowell Andrew (or McDonnell)	"	"	"	A
641	Morduant John	"	"	"	A
1580	Mowbray Alfred	"	"	"	A
1508	Mulcock Frederick	"	"	"	A
850	Murphy Thomas	"	"	"	A
913	Newsome Henry	"	"	"	A
1308	Parker Samuel	"	"	"	A
578	Penrose William	"	"	"	A
1253	Roberts William	"	"	"	A
1295	Sedgwick Joseph	"	"	"	A
551	Sissons John	"	"	"	A
515	Skerritt Peter	"	"	"	A
1485	Smith William	"	"	"	A
1070	Spickernell George	"	"	"	A
1523	Spyers Edward	"	"	"	A
1362	StGeorge William	"	"	"	A
1343	Sutcliffe John	"	"	"	A
1430	Sutton Charles	"	"	"	A
722	Thornton John	"	"	"	A
1140	Thorpe Henry	"	"	"	A
423	Townsend Thomas	"	"	"	A
1501	Turton George	"	"	"	A
779	Wadham Walter	"	"	"	A
1551	Webb William	"	"	"	A
1321	Whermell William (or Whennell)	"	"	"	A
793	White Henry	"	"	"	A
1015	Williams George	"	"	"	A
1473	Wilson John	"	"	"	A
540	Witty Thomas	"	"	"	A
	Smyth J R	Major	W	"	A
	Tyler L	Capt	"	"	A
	Orme W K	Lieut	"	"	A
651	Davis John	T.S.M.	"	"	A
934	Smith Edward	"	"	"	A
834	Chetwin John	Sgt	"	"	A
535	Courts Anthony	"	"	"	A
1242	Fishe Hamilton	"	D.O.W.	15. 2.46	A
1449	Harding Frederick	"	W	28. 1.46	A
957	Lee William	"	"	"	A
567	Monroe Matthew	"	"	"	A
748	Sturgeon Charles	"	"	"	A
1017	Ray Joseph	Cpl	"	"	A
1565	Butler Percival	Trmpr	"	"	A
997	Banks Henry	Pte	"	"	A
1243	Bayley Edward	"	"	"	A
1281	Bowes Henry	"	"	"	A
1163	Clooney William	"	"	"	A
664	Copley Thomas	"	"	"	A

429	Croft William	Pte	W	28. 1.46	A	(I.T.E.)
947	Dicks James	"	"	"	A	
1387	Digsby William (or Digsboy)	"	"	"	A	(I.T.E.)
1216	Durant Robert	"	"	"	A	(Invalided)
581	Eason William	"	D.O.W.	3. 2.46	A	
1347	Eves Philmer	"	W	28. 1.46	A	(I.T.E.)
1414	Frith Samuel	"	"	"	A	(I.T.E.)
1353	Gordon William	"	"	"	A	
627	Haken George	"	"	"	A	
1417	Harding Anthony	"	"	"	A	
576	Harris John	"	"	"	A	
607	Hawkins Thomas	"	"	"	A	(I.T.E.)
1346	Hutchings George	"	"	"	A	
1043	Jackson John	"	"	"	A	
505	Jones Lewis	"	"	"	A	
1481	Kennedy David	"	"	"	A	
1480	Kennedy John	"	D.O.W.	6. 2.46	A	
797	Lloyd Thomas	"	W	28. 1.46	A	
556	Mitchell Ralph	"	"	"	A	
736	Moorhouse George	"	"	"	A	
1084	Morris John	"	"	"	A	
1373	Nulty Michael	"	"	"	A	(I.T.E.)
925	Pelvin or Pelrin James	"	"	"	A	
776	Powell Henry	"	"	"	A	
1057	Ross Isaac	"	"	"	A	
1462	Ryan James	"	"	"	A	
1475	Ryan Michael	"	"	"	A	
1272	Senior John	"	"	"	A	
1188	Shopland William	"	"	"	A	
1279	Smalley James	"	D.O.W.	30. 1.46	A	
377	Spencer Owen	"	"	28. 1.46	A	
1507	Sullivan James	"	"	"	A	
1232	Tomkins Edward	"	"	"	A	
1199	Waghorne William	"	"	"	A	
1561	Wallace Thomas Stuart	"	"	"	A	
1286	Whitehead William	"	"	"	A	
1520	Wise John	"	"	"	A	
714	Bottle Henry	Sgt	Sick at Loodianah - No actions			
1202	Cowtan Frederick	Cpl	Died	22. 6.45	A S	
1434	Johnstone James	"	"	26. 5.46	A S	
1207	Pettit Thomas	"	"	22. 7.46	A S	
1136	Ansty Thomas	Pte	"	11. 2.46	A S	
1484	Batt James	"	Sick at Loodianah - No actions			
769	Brown John	"	"	"	"	"
1305	Crofts Is-ac	"	Died	21. 6.46	A S	
1314	Eburah Samuel	"	"	14. 3.46	A S	
1260	Ethrington George	"	"	7. 5.46	A S	
829	Jones Henry	"	"	21. 6.46	A S	
1400	Murphy Patrick	"	Sick at Loodianah - No actions			
1134	Pilbeam William	"	"	"	A	
887	Robinson Robert	"	"	"	A	
1540	Shepherd John	"	Died	16. 7.46	A S	
685	Shoesmith William	"	Sick at Loodianah - No actions			
803	Steer David	"	"	"	"	"
1032	Valentine George	"	Died	10. 7.46	A S	
1442	White John	"	"	22. 6.46	A S	
1491	Willoughby Charles J	"	"	28. 5.46	A S	
1285	Wilson Joseph	"	"	19. 7.46	A S	
558	Wright George	"	Drowned	30. 6.46	A S	

9th FOOT

Taylor AB CH KH		Lt/Col	K.I.A.	21.12.45	M	
Dunne James		Capt	"	"	M F	

	Field J F	Capt	K.I.A.	21.12.45	M	F	
298	Brown John or Bown	Sgt	"	"	M	F	
1414	Barrs Richard	Cpl	"	"	M	F	
1024	Burnes James	"	"	"	M	F	
925	Cronin Timothy	"	"	"	M	F	
1329	McAdam James	"	"	"	M	F	
1465	Parfitt Charles	"	"	"	M	F	
1118	Payne Henry	"	"	"	M	F	
1090	Warren Edward	"	"	"	M	F	
2252	Alder Charles	Pte	"	"	M	F	
1106	Arthur William	"	"	"	M	F	
1027	Ball John	"	"	"	M	F	
1199	Barker John	"	"	"	M	F	
1977	Blencowe Stephen	"	"	"	M	F	
2048	Brady Brian	"	"	"	M	F	
1652	Brophy Thomas	"	"	10. 2.46	M	F	S
1761	Buckley Robert	"	"	21.12.45	M	F	
2213	Burton John	"	"	"	M	F	
1551	Buxton John	"	"	"	M	F	
1650	Campbell Thomas	"	"	"	M	F	
1087	Carter Joseph	"	"	"	M	F	
1281	Carter John	"	"	"	M	F	
1451	Cooper Robert	"	"	"	M	F	
1984	Croffud John	"	"	"	M	F	
1670	Cullen John	"	"	"	M	F	
1679	Curry Francis	"	"	"	M	F	
1353	Davis William	"	"	"	M	F	
1703?	Fyans Patrick	"	"	"	M	F	
2170	Gaitt John	"	"	"	M	F	
2019	Gibson Thomas	"	"	"	M	F	
1058	Grant Daniel	"	"	"	M	F	
1845	Haye Patrick	"	"	"	M	F	
2245	Henry Samuel	"	"	"	M	F	
1426	Hesford Henry	"	"	"	M	F	
2221	Hewlett John	"	"	10. 2.46	M	F	S
2246	Holt Joseph	"	"	21.12.45	M	F	
871	Horribin Andrew	"	"	"	M	F	
1535	Hudson Thomas	"	"	"	M	F	
1990	Hull Thomas	"	"	"	M	F	
1142	Jones Michael	"	"	"	M	F	
2182	Jones Richard	"	"	"	M=	F	
1792	Jordan Thomas	"	"	"	M	F	
1855	Kelly John	"	"	"	M	F	
2006	King William	"	"	"	M	F	
2110	Lawler Edward	"	"	"	M	F	
1800	Lynch Peter	"	"	"	M	F	
2122	McIntire Owen	"	"	"	M	F	
1948	McLoughlin James	"	"	"	M	F	
1527	McShane Patrick	"	"	"	M	F	
403	Mackison Richard	"	"	18.12.45	M		
866	Maguire Timothy	"	"	21.12.45	M	F	
1795	Male Henry (or Mole)	"	"	10. 2.46	M	F	S
1230	Manes William	"	"	21.12.45	M	F	
1962	Martin Christopher	"	"	"	M	F	
1581	Martin Hamblet	"	"	"	M	F	
1786	Martin Thomas	"	"	"	M	F	
1180	Mason George	"	"	"	M	F	
1366	May William	"	"	10. 2.46	M	F	S
1936	Morris John	"	"	21.12.45	M	F	
1877	Mullett Thomas	"	"	"	M	F	
2259	Murphy Lawrence	"	"	"	M	F	
1777	Murray John	"	"	"	M	F	
1382	Murton James	"	"	"	M	F	
2092	Nolan Andrew	"	"	"	M	F	
926	O'Brien John	"	"	"	M	F	
1732	O'Neille John	"	"	"	M	F	
1558	Payne Samuel	"	"	"	M	F	
1129	Perham Thomas	"	"	"	M	F	
1235	Perowne James	"	"	"	M	F	

1744	Price Thomas	Pte	K.I.A.	21.12.45	M	F	
2005	Procter Nicholas	"	"	"	M	F	
2056	Rafferty Michael	"	"	"	M	F	
1356	Rainey Patrick H	"	"	"	M	F	
1994	Reilly Richard	"	"	"	M	F	
2143	Sears William	"	"	"	M	F	
1759	Shea John	"	"	"	M	F	
1876	Simmons Henry	"	"	"	M	F	
1978	Smith Francis	"	"	"	M	F	
1121	Smith Peter	"	"	"	M	F	
2260	Tidmarsh Richard	"	"	"	M	F	
1610	Tims James	"	"	"	M	F	
782	Troy John	"	"	"	M	F	
1942	Wagstaff William	"	"	"	M	F	
2184	Watts John	"	"	"	M	F	
1884	Williams Thomas	"	"	10. 2.46	M	F	S
1470	Wright John	"	"	21.12.45	M	F	
	Borton Arthur	Capt	W	"	M	F	
	Havelock C F	"	"	"	M	F	S
	Cassidy W G	Lieut	"	"	M	F	
	Daunt Robert	"	"	10. 2.46	M	F	S
	Foster W H	"	"	21.12.45	M	F	S
	Slevewright Francis	"	D.O.W.	3. 1.46	M	F	
	Taylor Alexander	"	W	21.12.45	M	F	
	Vigors J U	"	"	"	M	F	S
	Gahan or Gahag R B	Ass/Surg	D.O.W.	29.12.45	M		
1069	Sloan Patrick	Col/Sgt	W	18.12.45	M	F	S
749	Dobbin St John	Sgt	"	"	M	F	S
621	Fitzpatrick Simon	"	"	21.12.45	M	F	S
881	Graham John	"	"	10. 2.46	M	F	S
1133	Hall Jesse	"	"	21.12.45	M	F	S
1008	Hughes Thomas	"	"	"	M	F	
1205	Mack Patrick	"	"	10. 2.46	M	F	S
924	Neal Henry	"	"	21.12.45	M	F	S
1344	Tingley Frederick	"	"	"	M	F	
892	Walsh William	"	"	"	M	F	
1233	Watson Richard	"	"	10. 2.46	M	F	S
526	Brown Michael	Cpl	"	21.12.45	M	F	
790	Chambers Joseph	"	"	"	M	F	
409	Hulme Robert	"	"	"	M	F	S
1850	Lewis Hugh	"	"	18.12.45	M	F	
672	Nash Nathaniel	"	"	21.12.45	M	F	S
1288	Noakes Thomas	"	"	"	M	F	
1117	Smith Thomas	"	"	"	M	F	S
1618	Summers Patrick	"	"	22.12.45	M	F	S
565	Twokey James	"	"	18.12.45	M		
1292	Wain Alfred	"	"	21.12.45	M	F	
2077	Wilson Archibald	"	"	"	M	F	
1871	Noonan John	Drmr	W	10. 2.46	M	F	S
1240	Rashford John	"	"	21.12.45	M	F	(I.T.E.)
1335	Allen Frederick	Pte	D.O.W.	25. 2.46	M		
1314	Allman William	"	W	21.12.45	M	F	S
1402	Arthur James	"	"	"	M	F	
1958	Ash John	"	"	"	M	F	
870	Auly Emanuel	"	"	18.12.45	M		
2250	Aubrey John	"	"	21.12.45	M	F	
1869	Baldwin John	"	"	"	M	F	S
1824	Bannister John	"	"	"	M	F	
1111	Barley Hinton	"	"	"	M	F	
1033	Barnes Moses	"	"	"	M	F	S
"	" "	"	"	10. 2.46	M.	F	S
1510	Barnes James	"	D.O.W.	21. 2.46	M		
1980	Barrow James	"	W	21.12.45	M	F	S
1866	Bates Edward	"	"	18.12.45	M		
2100	Beggs John	"	"	21.12.45	M	F	
803	Birmingham James	"	"	10. 2.46	M	F	
1296	Bishop Evan	"	D.O.W.	2. 2.46	M	F	
388	Bottomly Robert	"	W	18.12.45	M	F	S
1010	Brennan Thomas	"	D.O.W.	11. 3.46	M	F	

2253	Brown James	Pte	D.O.W.	28.12.45	M	F		
944	Brown John	"	W	21.12.45	M	F		
2095	Brown Samuel	"	"	"	M	F		
902	Brown Thomas	"	"	10. 2.46	M	F	S	
1285	Budd John	"	"	21.12.45	M	F		
2167	Busten William	"	"	"	M	F	S	
1287	Buttell Richard	"	"	18.12.45	M	F	S	
1807	Byrne William	"	D.O.W.	2. 1.46	M	F		
1986	Callaghan William	"	W	21.12.45	M	F		
736	Callinder Thomas	"	"	"	M	F		
2121	Carroll Timothy	"	"	"	M	F	S	
2201	Casey John	"	"	10. 2.46	M	F	S	
1810	Chadwick William	"	"	18.12.45	M			
1555	Chapman Edward	"	"	"	M		S	
1684	Clarke James	"	D.O.W.	31. 1.46	M	F		
857	Coffey John	"	"	22. 3.46	M	F		
2254	Coleman David	"	W	18.12.45	M		S	
20@L	Collins Thomas	"	"	21.12.45	M	F		
1596	Connolly John	"	D.O.W.	27. 2.46	M	F	S	
951	Connor Thomas	"	W	22.12.45	M	F		
801	Connors William	"	"	21.12.45	M	F	S	
1627	Coogan Michael	"	D.O.W.	27.12.45	M	F		
1843	Cook Edward	"	"	"	M	F		
1901	Cotterill Henry	"	"	"	M	F		
1662	Courtney Patrick	"	W	21.12.45	M	F	S	
2185	Cousins Alfred	"	"	"	M	F		
835	Cowin John	"	"	22.12.45	M	F	S	
1183	Cox John	"	"	21.12.45	M	F		
1927	Coyle Joseph	"	"	"	M	F		
824	Coyne Patrick	"	"	"	M	F	S	
1400	Cross John	"	"	22.12.45	M	F		
1890	Crowther Joseph	"	"	21.12.45	M	F		
2032	Cullen Richard	"	"	18.12.45	M			
1741	Curtwell John	"	"	10. 2.46	M	F	S	
509	Daley John	"	D.O.W.	27. 2.46	M	F	S	
903	Davin Robert	"	W	18.12.45	M	F		
"	" "	"	"	21.12.45	M	F		
890	Dawson Patrick	"	D.O.W.	17. 1.46	M	F		
2180	Doonan Patrick	"	W	21.12.45	M	F	S	
1861	Dowling William	"	"	"	M	F	S	
1774	Downey Thomas	"	"	"	M	F	S	
1486	Drewry Daniel	"	"	"	M	F	S	
"	" "	"	"	10. 2.46	M	F	S	
2039	Duffry Philan	"	"	21.12.45	M	F		
2228	Dunster Henry	"	"	18.12.45	M	F	S	
820	Eccles Thomas	"	"	21.12.45	M	F		
1364	Edwards Charles	"	"	"	M	F	S	
1835	Elvester Luke	"	"	"	M	F		
2116	Ennis Edward	"	"	18.12.45	M	F		
2258	Evans Evan	"	"	21.12.45	M	F		
1559	Everett John	"	"	"	M	F	S	
2157	Fagan Michael	"	"	"	M	F		
943	Fahey James	"	"	10. 2.46	M	F	S	(I.T.E.)
1073	Ford James	"	D.O.W.	21.12.45	M			
1784	Ford John	"	"	8. 2.46	M	F		
1897	Forrester George	"	W	18.12.45	M	F	S	
1751	Fowler George	"	D.O.W.	6. 1.46	M	F		
1879	Franklin David	"	W	10. 2.46	M	F	S	
1271	Fraser Samuel	"	"	21.12.45	M	F		
541	Freel William	"	"	"	M	F		
1526	Furlong Michael	"	"	"	M	F		(I.T.E.)
1571	Gallagher Francis	"	"	"	M	F		
2142	Gambling Charles	"	"	10. 2.46	M	F	S	
1655	Gaynor James	"	"	21.12.45	M	F	S	
2130	Geoghegan John	"	"	"	M	F	S	
2235	George Henry A	"	D.O.W.	26. 1.46	M			
1421	Gillespie Peter	"	"	19. 3.46	M	F		
2024	Gillespie Isaac	"	W	21.12.45	M	F		
2049	Glennon John	"	"	18.12.45	M	F	S	

1788	Godbin Henry	Pte	W	21.12.45	M	F	S	
2177	Golby James	"	"	18.12.45	M	F		
"	" "	"	"	21.12.45	M	F		
1070	Gorman John	"	"	10. 2.46	M	F	S	
1593	Gow John	"	"	21.12.45	M	F		
2076	Gray Charles	"	"	"	M	F		
2267	Green Peter	"	"	"	M	F		
2244	Greenland James	"	"	"	M	F	S	
2126	Griffin Owen	"	"	"	M	F		
1083	Grimes William	"	"	"	M	F		
1088	Grove William	"	"	"	M	F	S	
1997	Gubbins William	"	"	"	M	F		
2013	Guines Charles	"	"	"	M			
1444	Hall John	"	"	"	M	F		
1842	Hassam Michael	"	"	"	M	F		
2155	Healy Francis	"	"	"	M	F	S	
1631	Heffron Michael	"	"	"	M	F	S	
1257	Hipkin John	"	"	"	M	F		(I.T.E.)
1544	Hogarth John	"	D.O.W.	13. 1.46	M	F		
1742	Holmes John	"	"	27. 2.46	M	F		
2079	Hopkins Abraham	"	W	10. 2.46	M	F	S	
1005	Horrogan Daniel	"	D.O.W.	30.12.45	M	F		
1586	Hoult Daniel	"	"	21. 2.46	M	F	S	
1983	Hurley John	"	"	2. 2.46	M	F		
1423	Hutteridge James	"	W	21.12.45	M	F		
2127	James John	"	"	"	M	F	S	
915	Jessup Samuel	"	"	"	M	F		
1766	Johnston James	"	"	"	M	F		
1793	Jones Francis	"	"	"	M	F	S	
1519	Jordan Thomas	"	"	"	M	F		
1572	Kearnes James	"	"	"	M	F		
2002	Kelly Joseph	"	"	18.12.45	M	F		
"	" "	"	"	21.12.45	M	F		
1132	Kelly Thomas	"	"	18.12.45	M			(Died 5.2.46)
1803	Kennedy Thomas	"	"	21.12.45	M	F		
2000	Kenny Patrick	"	"	"	M	F		
1522	Kent Edward	"	"	18.12.45	M			
1947	Lambert John	"	"	21.12.45	M	F	S	
1691	Law Michael	"	"	"	M	F		
2023	Leslie John	"	"	18.12.45	M	F	S	
1294	Lewis John	"	"	21.12.45	M	F		
1318	Lloyd Thomas	"	"	"	M	F		(I.T.E.)
1562	Longmore John	"	"	"	M	F	S	
1515	Lugg Thomas	"	"	"	M	F	S	
1541	Lythall John	"	D.O.W.	16. 3.46	M			
1970	McAllister Charles	"	"	21.12.45	M	F		
2128	McAlone John	"	W	"	M	F	S	
1893	McDonnel James	"	"	"	M	F		(I.T.E.)
2132	McGrath Patrick	"	"	18.12.45	M	F	S	
982	McKeown John	"	D.O.W.	19. 2.46	M	F		
1779	McMahon Matthew	"	W	21.12.45	M	F		(I.T.E.)
2045	Maguire Philip	"	"	18.12.45	M			
2183	Meacham Samuel	"	"	"	M	F	S	
1639	Meath James	"	D.O.W.	4. 1.46	M	F		
1608	Middlehurst Charles	"	"	14. 1.46	M	F		
1279	Miller Thomas	"	W	18.12.45	M		S	
1812	Mills James	"	W	10. 2.46	M	F	S	
1406	Mockler Robert J	"	"	21.12.45	M	F		
1795	Mole Henry	"	"	"	M	F	S	(K.I.A. 10.2.46)
1989	Monaghan Patrick	"	D.O.W.	6. 1.46	M			
1763	Moore John	"	W	18.12.45	M	F	S	
1787	Moran Francis	"	W	21.12.45	M	F	S	(Disch. by Purch)
886	Moran William	"	"	"	M	F		
2150	Mullis Charles	"	"	"	M	F		
1086	Murphy Daniel	"	"	"	M	F	S	
1949	Murtagh Patrick	"	"	"	M	F	S	
"	" "	"	"	10. 2.46	M	F	S	
1704	Naughton John	"	D.O.W.	6. 1.46	M	F		
1767	Norris James	"	W	21.12.45	M	F		

1592	Nugent Matthew	Pte	W	18.12.45	M		
1126	Partridge Robert	"	"	"	M		
1130	Payne Henry	"	"	21.12.45	M	F	
1617	Peacock Henry	"	D.O.W.	1. 3.46	M	F	S
1036	Pender Peter	"	W	21.12.45	M	F	
1128	Perham William	"	"	"	M	F	
1914	Perry Richard	"	"	"	M	F	
2094	Phillips Thomas	"	"	"	M	F	
2029	Plunkett Matthew	"	"	"	M	F	(I.T.E.)
2214	Pole James	"	"	"	M	F	S
952	Price James	"	"	"	M	F	
735	Quinn James	"	"	"	M	F	S
2064	Quinn Michael	"	"	"	M	F	S
1323	Ransbury John	"	D.O.W.	2. 1.46	M	F	
2197	Ray Daniel	"	W	21.12.45	M	F	S
1805	Reardon Timothy	"	"	"	M	F	(Died 5.7.46)
2230	Rees George	"	"	"	M	F	S
2012	Reilly Thomas	"	"	"	M	F	S
1497	Reind William	"	"	"	M	F	S
845	Riley Charles	"	"	18.12.45	M		
1760	Roberts Owen	"	"	21.12.45	M	F	
1657	Ruddy James	"	D.O.W.	1. 1.46	M	F	
1926	Rubell James	"	W	21.12.45	M	F	
1951	Ryan William	"	"	10. 2.46	M	F	S
2172	Ryder James	"	"	18.12.45	M		S
2047	Ryder William	"	"	10. 2.46	M	F	S
2216	Seabrook William	"	"	21.12.45	M	F	S
1423	Sefton William	"	"	"	M	F	S
1334	Sharkey Patrick	"	"	"	M	F	
2113	Shea Robert	"	D.O.W.	11. 2.46	M	F	
1896	Shean Thomas	"	W	21.12.45	M	F	S
1752	Simpson John	"	"	"	M	F	
1277	Skinner William	"	"	"	M	F	
1791	Slack James	"	"	18.12.45	M		
938	Small Thomas	"	"	21.12.45	M	F	
1545	Smith James	"	"	"	M	F	S
1322	Smith John	"	D.O.W.	27.12.45	M		
1672	Smith Thomas	"	W	21.12.45	M	F	(I.T.E.)
1985	Smyth Laurence	"	D.O.W.	27.12.45	M	F	
854	Speight Henry	"	W	18.12.45	M	F	(K.I.A. 21.12.45)
977	Splann Daniel	"	"	21.12.45	M	F	S
1107	Steadman George	"	"	"	M	F	
1385	Stewart William	"	D.O.W.	24.12.45	M	F	
1755	Stone Benjamin	"	W	18.12.45	M	F	S
1079	Sweeney Miles	"	"	21.12.45	M	F	
1667	Taylor James	"	"	"	M	F	S
2265	Thomas James	"	D.O.W.	13. 2.46	M	F	S
2249	Thornton Patrick	"	W	21.12.45	M	F	(I.T.E.)
2133	Tighe John	"	"	18.12.45	M		
463	Toland John	"	D.O.W.	18. 2.46	M	F	S
1280	Towley James	"	W	21.12.45	M	F	
2121	Usher Charles	"	"	"	M	F	S
1801	Walker John	"	"	18.12.45	M		S
1964	Walker William	"	"	21.12.45	M	F	S
2125	Walsh George	"	"	"	M	F	
1880	Walsh Peter	"	"	"	M	F	
1401	Walsh John	"	"	"	M	F	S
1454	Wareing Joseph	"	"	"	M	F	S
1404	Waterman John	"	"	"	M	F	S
1082	Waterman William	"	"	"	M	F	S
2217	Waterson William	"	"	"	M	F	
1048	Watkins James	"	D.O.W.	28. 1.46	M	F	
1331	West James	"	W	21.12.45	M	F	
1524	Wheeler Henry	"	"	"	M	F	
1647	Wiggins Thomas	"	"	"	M	F	S
1907	Wilkes Silas	"	"	"	M	F	S
1995	Williams Robert	"	"	"	M	F	(Died 30.1.46)
1832	Williams Thomas	"	"	18.12.45	M	F	(K.I.A. 21.12.45)
953	Willis William	"	"	"	M	F	S
1946	Wilmer Edward	"	"	21.12.45	M	F	
1776	Winder Henry	"	"	10. 2.46	M	F	S

1031	Woodhall William	Pte	W	21.12.45	M	F		
1982	Worrall George	"	D.O.W.	3. 3.46	M	F		
1248	Young Thomas	"	W	21.12.45	M	F	S	
567	Collins John	Armr/Sgt	Died	10. 3.46	M	F	S	
555	Summerhayes John	Sgt	"	24. 6.46	M	F	S	
978	Barrett John	Pte	"	21. 7.46	M	F	S	
1940	Bolton Thomas	"	"	2. 2.46	M			
1769	Brown Edward	"	"	18. 4.46	M	F	S	
2086	Bryan William	"	"	17. 5.46	M	F	S	
1499	Campion William	"	"	28. 2.46	M	F	S	
1422	Donovan Dennis	"	"	20. 7.46	M	F	S	
2243	Eyles Henry	"	"	9. 2.46	M	F		
1110	Hawksworth James	"	"	5. 8.46	M	F	S	
543	Howard Richard	"	"	7. 4.46	M	F	S	
1560	Howlett George	"	Trans	1. 3.46	M	F	S	(To 62nd Foot)
684	McGarrigan Philip	"	Died	20. 4.46	M	F	S	
1944	Morgan Timothy	"	"	26. 7.46	M	F	S	
1507	Nowlan James	"	"	12. 5.46	M	F	S	
2195	Prada John H	"	"	7. 7.46	M	F	S	
632	Regan James	"	"	21. 7.46	M	F	S	
1304	Rolfe Thomas	"	"	6. 5.46	M	F	S	
2074	Sanderson William	"	Discharged	29. 4.46	M	F	S	(By purchase)
2054	Scarlett James	"	Died	31. 7.46	M	F	S	

10th FOOT

	Beale W Y	Lieut	K.I.A.	10. 2.46	S	
1527	Graham William Hy.	Sgt	"	"	S	
500	Gleeson John (1000)	Cpl	"	"	S	
848	Turner John	"	"	"	S	
1433	Anderson William	Pte	"	"	S	
932	Betts Anthony	"	"	"	S	
444	Blaxter Robert	"	"	"	S	
1854	Bradley George	"	"	"	S	
1618	Brady John	"	"	"	S	
315	Cleary Terence	"	"	"	S	
1043	Connors John	"	"	"	S	
1561	Evans Edward (43/1440)	"	"	"	S	
1842	Fitzgibbon Patrick	"	"	"	S	
742	Hickson George	"	"	"	S	
1146	Keilly Martin	"	"	"	S	
1611	Kelly Thomas (38/1985)	"	"	"	S	
755	McCay John	"	"	"	S	
1980	McKoy William	"	"	"	S	(or 29/1562)
2028	Norman Frederick	"	"	"	S	
915	O'Connor Thomas	"	"	"	S	
1332	Oldnow John	"	"	"	S	
1027	Piggot Michael	"	"	"	S	
1378	Pilkington Thomas	"	"	"	S	
1573	Robinson Richard	"	"	"	S	(or 81/1470)
1185	Shepherd John	"	"	"	S	
1709	Smith William	"	"	"	S	
1218	Starkie Henry	"	"	"	S	
1457	Thornton Hugh	"	"	"	S	
1151	Thompson John	"	"	"	S	
1605	Tyres John (38/2052)	"	"	"	S	
	Evans H R	Lieut	W	"	S	
	Lindam C J	"	"	"	S	
677	Morley William	Col/Sgt	"	"	S	
1792	Norris William	Sgt	"	"	S	
900	Baker Richard/Robert	Cpl	"	"	S	
728	English Henry	"	"	"	S	
1229	Glynn Patrick	"	"	"	S	
1961	Henry James	"	"	"	S	
1461	Lockhart George	"	"	"	S	
166	Magee John	"	"	"	S	
904	Vince John	"	"	"	S	
1834	Armstrong Arthur	Pte	"	"	S	
1186	Barnes Thomas	"	"	"	S	

1598	Becton Patrick	Pte	W	10. 2.46		S	
1519	Bell Richard	"	"	"		S	(at Ladour)
1477	Brown David	"	"	"		S	
970	Byrnes Martin	"	"	"		S	
1601	Carruthers William	"	"	"		S	(or 87/1453)
633	Casbolt John	"	"	"		S	
1584	Christewheat John	"	"	"		S	(or 1763 or 58/1000)
612	Coll Francis	"	"	"		S	
944	Connell Patrick	"	"	"		S	
1596	Connolly James	"	"	"		S	(or 58/569)
893	Connor Edward	"	"	"		S	
582	Cunningham James	"	"	"		S	
1942	Dooly Thomas	"	"	"		S	
2009	Dowling John	"	"	"		S	
1198	Drumm or Drurrim Edw.	"	"	"		S	
1726	Duffy John	"	"	"		S	
1562	Dunne William	"	"	"		S	(or 53/1298)
1577	Dyas John (or 1377)	"	"	"		S	
701	Egan Owen	"	"	"		S	
1735	Fidling William	"	"	"		S	
1892	Gobbett William	"	"	"		S	
901	Grady Laurence	"	"	"		S	
207	Greaves Daniel	"	"	"		S	
1816	Hartley Henry	"	D.O.W.	20. 2.46		S	(or 34/1773)
1638	Hurley Timothy	"	"	3. 3.46		S	(or 87/1513)
1910	Jones Thomas	"	W	10. 2.46		S	
917	Kirby Philip	"	D.O.W.	13. 2.46		S	
662	Lake George	"	W	10. 2.46		S	
1422	Lappin James	"	"	"		S	(At Landour)
1645	Leggan Bernard	"	"	"		S	
1106	Lonergan William	"	"	"		S	
1485	McAlaney William	"	"	"		S	
1101	McLachlan Henry	"	"	"		S	
1302	Mawson James	"	"	"		S	
909	Mick Samuel	"	D.O.W.	12. 2.46		S	
1913	Moore William	"	"	10. 2.46		S	
1787	O'Mahony Timothy	"	W	"		S	
1295	Parish James	"	"	"		S	
1727	Rees James (58/1143)	"	"	"		S	
1922	Richards Richard	"	"	"		S	
1571	Selves John (58/1028)	"	"	"		S	
1151	Watson John	"	"	"		S	
	Sutherland G B	Major/Capt	Died	15. 5.46		S	
597	Carroll Thomas	Sgt	"	14. 6.46		S	(Jeremiah on Muster Roll)
1885	Bass Thomas	Pte	"	18. 2.46		S	(At Ferozepore)
855	Gough Richard	"	"	2. 6.46		S	
1264	O'Flaherty Patrick	"	"	11. 5.46		S	
1791	Tresham Henry	"	"	- 6.46		S	(or 87/1370)

29th FOOT

	Taylor Charles CB	Lt/Col	K.I.A.	10. 2.46	F	S	(Wounded 21.12.45)
	Lucas John O	Capt	"	21.12.45	F		
	Molle George	"	"	"	F		
	Carey Octavius	Lieut	"	18.12.45	M		
	Simmons Alfred A	"	"	21.12.45	F		
1285	Swaby John	Col/Sgt	"	10. 2.46	F	S	
866	Smith John	Sgt	"	21.12.45	F		
618	Colquhoun Andrew	Cpl	"	10. 2.46	F	S	
1358	Evans Thomas	"	"	21.12.45	F		
1148	Teasdale James	"	"	"	F		
886	Withey Charles	"	"	"	F		
1772	Beaumont James	Pte	"	"	F		
1867	Bentley Richard	"	"	"	F		
2212	Bentley Ricky	"	"	"	F		
2008	Beresford Charles	"	"	"	F		
1645	Blackburn Michael	"	"	"	F		
1628	Blasen William	"	"	"	F		
1220	Boardman William	"	"	"	F		

1627	Bobbin Isaac	Pte	K.I.A.	21.12.45	F		
1460	Box William	"	"	10. 2.46	F	S	
2205	Boyce George	"	"	"	F	S	
1521	Broomhead Benjamin	"	"	21.12.45	F		
2045	Brown Joseph	"	"	"	F		
1810	Challoner Charles	"	"	"	F		
1110	Clee Charles	"	"	10. 2.46	F	S	
1903	Corbett James	"	"	"	F	S	
2028	Courtnay Edward	"	"	21.12.45	F	"	
687	Deeran John	"	"	10. 2.46	F	S	
1775	Donoughey John	"	"	21.12.45	F		
2202	Drew James	"	"	"	F		
1881	Duncan William	"	"	10. 2.46	F	S	
2167	Dunphy Patrick	"	"	"	F	S	
571	Fitton Edmund	"	"	"	F	S	
1249	Flood William	"	"	"	F	S	
1932	Fuller Edward	"	"	21.12.45	F		
1659	Giles John	"	"	"	F		
1269	Goodier Thomas	"	"	10. 2.46	F	S	
2130	Green George	"	"	21.12.45	F		
1247	Greenway Francis	"	"	"	F		
1479	Harrison William	"	"	10. 2.46	F	S	
1557	Hastewell John	"	"	21.12.45	F		
1997	Hatter William	"	"	"	F		
1292	Hawkins Thomas	"	"	"	F		
1067	Hearne William H	"	"	"	F		
1304	Heburn William	"	"	"	F		
2231	Hodder Robert	"	"	10. 2.46	F	S	
824	Hodkinson David	"	"	21.12.45	F		
2006	Hunt William	"	"	10. 2.46	F	S	(W. 21.12.45)
2216	Illingworth Thomas	"	"	21.12.45	F		
1228	Jackson John	"	"	10. 2.46	F	S	
2186	Keelar Patrick	"	"	"	F	S	
2172	Lane Henry	"	"	"	F	S	
1934	Langham Thomas	"	"	21.12.45	F		
2233	Larner William	"	"	"	F		
2247	Laughlin Mathias	"	"	"	F		
1475	Locock James	"	"	10. 2.46	F	S	
2200	Lord William	"	"	"	F	S	
1721	McCrackin John	"	"	21.12.45	F		
842	McManus Thomas	"	"	10. 2.46	F	S	
808	Maubrinney James	"	"	"	F	S	
1756	Mulholland William	"	"	"	F	S	
2054	Murphy Jeremiah	"	"	"	F	S	
2329	Neal John	"	"	21.12.45	F		
1257	O'Connor Michael	"	"	22.12.45	F		
621	O'Donnell James	"	"	10. 2.46	F	S	
2325	Reed George	"	"	21.12.45	F		
797	Roebuck John	"	"	10. 2.46	F	S	
1309	Sands George	"	"	21.12.45	F		
1763	Sands Thomas H	"	"	"	F		
2153	Scott Robert	"	"	10. 2.46	F	S	
1324	Sheldon William	"	"	21.12.45	F		
2110	Shelton William	"	"	"	F		
1458	Smith Charles	"	"	"	F		
875	Smith Michael	"	"	10. 2.46	F	S	
1579	Stanton William	"	"	"	F	S	
965	Steward Hugh	"	"	"	F	S	
599	Sullivan Daniel	"	"	21.12.45	F		
2084	Sutton George	"	"	"	F		
914	Taggert Hugh	"	"	10. 2.46	F	S	
1172	Warren James	"	"	21.12.45	F		
1675	Wason James	"	"	10. 2.46	F	S	
2082	Watts John	"	"	21.12.45	F		
2290	Weathers James	"	"	10. 2.46	F	S	
1494	Webb Henry	"	"	21.12.45	F		
2000	Whinyates Richard	"	"	"	F		
1109	White Charles	"	"	"	F		
879	White Thomas	"	"	"	F		
2056	Wilson Henry	"	"	"	F		

1860	Wilson John	Pte	K.I.A.	10. 2.46		F	S	
2283	Winn Winford	"	"	21.12.45		F		
2081	Woodart James	"	"	"		F		
1898	Wooton George	"	"	10. 2.46		F	S	
	Barr Marcus	Major	D.O.W.	26. 3.46	M	F	S	
	Muchison Kenneth	Capt	W	10. 2.46		F	S	
	Stepney Arthur StG H	"	"	22.12.45		F	S	
	" "	"	"	10. 2.46		F	S	
	Young John D	"	"	"		F	S	
	Duncan John Aeneas	Lieut	W	"		F	S	
	Henderson George StJ	"	"	"			S	
	Henry Richard F	"	"	"		F	S	(Commiss. sold)
	Jones George H M	"	D.O.W.	23. 2.46		F	S	
	Nugent StGeorge Mervyn	"	W	10. 2.46		F	S	
	Scudamore Edward T	"	"	"		F	S	
	Macdonnell Charles E	Lt.&Adj.	W	"		F	S	
	Mitchell George	Ensign	D.O.W.	18. 2.46		F	S	
904	Ritchie William	Q.M.Sgt	W	21.12.45		F		(I.T.E.)
1454	Smith William	Hosp.Sgt	"	"		F		
1800	Church John	Col/Sgt	"	"		F		(I.T.E.)
600	Field Thomas	"	"	"		F	S	
896	Marshall John	"	D.O.W.	11. 2.46		F	S	
849	Wilkins George	"	"	22. 2.46		F	S	
904	Billington John	Sgt	W	21.12.45		F		
1459	Chappell Robert	"	"	"		F		
1602	Douglas George	"	"	10. 2.46		F	S	
1694	Elliott Thomas	"	"	21.12.45		F		
1481	Gibbins Richard	"	"	"		F		
811	Haigh Henry	"	"	10. 2.46		F	S	(Died 17.4.46)
611	Holmes James	"	D.O.W.	11. 2.46		F	S	Smallpox
674	Metcalfe James	"	W	21.12.45		F		
1308	Rutherford William	"	"	10. 2.46		F	S	
1570	Blouk George	Cpl	W	21.12.45		F		
835	Brennan Patrick	"	"	"		F		(I.T.E.)
2147	Bryant James	"	"	10. 2.46		F	S	(Died of Dysentry)
1632	Cushing John	"	"	21.12.45		F	S	
818	Doyle James	"	"	10. 2.46		F	S	
1029	Emery Moses	"	"	"		F	S	
1625	Gillon David	"	"	21.12.45		F		
2220	Grant Charles	"	"	10. 2.46		F	S	
1390	Henry William	"	"	"		F	S	
2181	McDowall Francis	"	"	21.12.45		F		(I.T.E.)
924	McGaskey James	"	"	"		F		
1746	Matthews William	"	"	"		F	S	
"	" "	"	"	10. 2.46		F	S	
751	Porter William	"	"	21.12.45		F		(I.T.E.)
1995	Sims John	"	"	"		F	S	
1805	Smith Anthony	"	"	10. 2.46		F	S	
1804	Smith James	"	"	21.12.45		F	S	
1687	Crosse William	Drmr	W	"		F		
496	McBrien John	"	"	"		F		
1673	McClelland Hamilton	"	"	"		F		(I.T.E.)
1716	Mitchell John	"	"	"		F	S	
1412	Parks John	"	D.O.W.	8. 1.46		F		
2169	Addicott Charles	Pte	W	10. 2.46		F	S	
1879	Aill James W	"	"	"		F	S	
2178	Ambler Pierce	"	D.O.W.	11. 2.46		F	S	
1827	Andrews Joseph	"	W	21.12.45		F		(I.T.E.)
2196	Atcherly George	"	"	"		F		(I.T.E.)
1608	Barker William	"	"	10. 2.46		F	S	
858	Batchelor Edward	"	"	"		F	S	(I.T.E.)
2199	Beal Alexander	"	"	"		F	S	
2198	Beal Andrew	"	"	"		F	S	
1836	Beasley John	"	"	21.12.45		F	S	(also W.10.2.46)
1013	Begley Andrew	"	"	10. 2.46		F	S	
1821	Bell Joseph	"	"	21.12.45		F	S	
1712	Bennett Thomas	"	"	10. 2.46		F	S	
1873	Benson Albert	"	"	21.12.45		F	S	
2224	Berwick John	"	"	10. 2.46		F	S	

2253	Bishop Seth	Pte	W	21.12.45	F		
471	Black John	"	"	"	F		
1857	Boardman George	"	"	"	F		
1444	Botterill William	"	"	"	F	S	
1505	Bowden William	"	"	10. 2.46	F	S	
1460	Box William	"	"	21.12.45	F	S	
2009	Boyce William	"	"	10. 2.46	F	S	
1823	Brain William	"	"	"	F	S	
1066	Brett John	"	"	21.12.45	F		
1413	Brown John	"	"	10. 2.46	F	S	
2213	Brown Peter	"	"	21.12.45	F		
1902	Brown William	"	"	10. 2.46	F	S	
764	Bryan John	"	D.O.W.	14. 2.46	F	S	
2190	Bullock Thomas	"	W	21.12.45	F		
2234	Burrill John Alias William Holmes)	"	D.O.W.	28. 2.46	F		
1893	Bye Charles	"	W	10. 2.46	F	S	
2058	Callan Peter	"	D.O.W.	15. 2.46	F		
1697	Campbell James	"	W	21.12.45	F		
2273	Cathy John	"	"	10. 2.46	F	S	(I.T.E.)
1265	Chapman John	"	D.O.W.	2. 1.46	F		
487	Conway John	"	W	21.12.45	F	S	
795	Conway Patrick	"	D.O.W.	15. 3.46	F	S	
2263	Cooke Samuel	"	W	21.12.45	F	S	
2027	Cooney Patrick	"	"	"	F	S	
1943	Cooper John	"	D.O.W.	29. 3.46	F		
1629	Copeman Charles	"	"	8. 2.46	F		
1794	Costley Thomas	"	W	10. 2.46	F	S	(I.T.E.)
1609	Coulbrough Robert	"	"	"	F	S	
1329	Creak Samuel	"	"	"	F	S	
495	Cronin Daniel	"	D.O.W.	7. 3.46	F		
1781	Cross Henry	"	W	21.12.45	F		
1560	Cullen John	"	"	"	F	S	
1835	Dailey Bernard	"	D.O.W.	12. 2.46	F	S	
617	Dailey William	"	W	21.12.45	F		(I.T.E.)
1679	Davis Marmaduke	"	D.O.W.	10. 2.46	F	S	
1306	Davison John	"	W	"	F	S	
1820	Dawkins Henry	"	"	21.12.45	F	S	
1227	Dawson Joseph	"	"	10. 2.46	F	S	(I.T.E.)
2240	Deeran James	"	"	"	F	S	
2106	Denny Daniel	"	D.O.W.	25. 2.46	F		
1599	Dickins George	"	W	21.12.45	F		(I.T.E.)
2094	Doran Thomas	"	"	10. 2.46	F	S	
2095	Duckhouse William	"	D.O.W.	11. 2.46	F	S	
2307	Dunne James	"	W	21.12.45	F	S	
2237	Durston Jeffrey	"	D.O.W.	3. 2.46	F		
1443	Eaton Richard	"	"	28. 3.46	F	S	
1318	Edwards David	"	W	10. 2.46	F	S	
1096	Ellerden Abraham	"	D.O.W.	21. 2.46	F	S	
2156	Elvin Charles	"	"	2. 1.46	F		
2264	Eustace Thomas	"	W	10. 2.46	F	S	(I.T.E.)
720	Farmer John	"	"	21.12.45	F		
1492	Farrar William	"	"	10. 2.46	F	S	
984	Featherstone William	"	"	"	F	S	
705	Finnimore William	"	"	21.12.45	F	S	
2221	Fitzpatrick Moses	"	"	"	F	S	
1538	Foster Henry	"	"	"	F	S	
2308	Fowles Richard	"	"	"	F	S	
"	" "	"	"	10. 2.46	F	S	
1276	Fox Joseph	"	"	21.12.45	F	S	
2022	Fox Thomas	"	"	"	F		
1863	Francis Elijah	"	"	10. 2.46	F	S	
1783	Fraser John	"	"	"	F	S	
1899	Frayne Patrick	"	D.O.W.	8. 1.46	F		
1972	Fryer William	"	W	10. 2.46	F	S	
1536	Garbett William	"	"	"	F	S	(I.T.E.)
1144	Gardner James	"	"	21.12.45	F	S	
1666	Gibson Robert	"	"	10. 2.46	F	S	

1059	Godfrey William	Pte	W	21.12.45	F	S	
2099	Goding Francis	"	"	"	F	S	
1919	Goodbody Matthew	"	"	"	F		
1884	Goodwin John	"	"	"	F		(I.T.E.)
1993	Gray William	"	"	"	F	S	
1483	Green Frederick	"	D.O.W.	8. 1.46	F		
749	Green Richard	"	"	21.12.45	F		
1846	Griffiths Zebulon	"	W	10. 2.46	F	S	
2245	Grindley Michael	"	"	21.12.45	F	S	
1103	Guise William	"	D.O.W.	1. 1.46	F		
1724	Haggett Robert B	"	W	21.12.45	F	S	
2089	Hallerton Timothy	"	"	"	F		
1730	Hamill Cornelius	"	D.O.W.	19. 3.46	F	S	
1233	Hardeman Solomon	"	W	10. 2.46	F	S	
439	Harding Henry	"	"	21.12.45	F	S	
1083	Hardwick William	"	"	"	F		
1735	Harper James	"	"	"	F		(I.T.E.)
1855	Harrison James	"	D.O.W.	1. 6.46	F		
1319	Harter John L	"	"	27.12.45	F		
1179	Hatfield Richard	"	W	21.12.45	F	S	
1871	Hearn Charles	"	"	"	F	S	
1777	Henry Alexander	"	D.O.W.	14. 2.46	F	S	
1067	Henson Henry P	"	W	21.12.45	F		(I.T.E.)
1945	Hewitt James	"	"	"	F		(I.T.E.)
2215	Holdcroft Peter	"	"	"	F	S	
1378	Holding George	"	"	"	F		
816	Hoolahan John	"	D.O.W.	17. 2.46	F		
2226	Horler Charles	"	W	21.12.45	F	S	
2075	Horsefall George	"	"	"	F		
1938	Hoult Jess	"	"	10. 2.46	F	S	(Died of Dysentry) 10.5.46
1904	Hoy John	"	"	"	F	S	
2146	Huggins William	"	"	21.12.45	F	S	
"	" "	"	"	10. 2.46	F	S	
1421	Hughes John	"	"	10. 2.46	F	S	
2006	Hunt William	"	"	21.12.45	F	S	(K.I.A. 10.2.46)
1542	Isherwood James	"	"	"	F		
926	Jenkins Thomas	"	"	22.12.45	F	S	
2117	Johnson Edward	"	D.O.W.	12. 1.46	F		
1967	Johnston John	"	W	21.12.45	F		
1053	Jones Ezekiel	"	"	"	F	S	
1118	Jones Humphrey	"	"	10. 2.46	F	S	(I.T.E.)
1209	Jones Robert	"	D.O.W.	5. 3.46	F		
2129	Jones William	"	W	21.12.45	F		
1132	Jubb George	"	D.O.W.	2. 3.46	F	S	
1965	Kelly Matthew	"	"	4. 1.46	F		
607	Keloe James	"	"	13. 3.46	F	S	
2225	Kennedy Hugh	"	W	10. 2.46		S	
2109	Kerle Charles	"	D.O.W.	29.12.45	F		
2029	Kershaw Henry	"	W	10. 2.46	F		
1846	Kiernan Fanell	"	"	21.12.45	F	S	
"	" "	"	"	10. 2.46	F	S	
1307	King John	"	"	21.12.45	F		
1815	King William	"	"	10. 2.46	F	S	
1733	Laggan Henry	"	"	21.12.45	F	S	
"	" "	"	"	10. 2.46	F	S	
867	Laws William	"	"	"	F	S	
2336	Leahey William	"	"	21.12.45	F	S	
2152	Lennon John	"	"	"	F		(I.T.E.)
1912	Lewis James	"	D.O.W.	18. 1.46	F		
1191	Lewis John	"	W	21.12.45	F	S	
1023	Lowe George	"	"	10. 2.46	F	S	
1141	Lowe John	"	"	"	F	S	
2236	Lynch Patrick	"	"	21.12.45	F	S	
2201	Lyon William	"	"	"	F		
646	McAriff Bartholomew	"	"	"	F	S	
1992	McAteer Owen	"	"	10. 2.46	F	S	

2173	McAuley Patrick	Pte	D.O.W.	11. 2.46	F	S	
2031	McCann Hugh	"	W	21.12.45	F	S	
2046	McCann John	"	"	"	F	S	
605	McCarthy John	"	"	"	F		(I.T.E.)
2067	McCormick William	"	"	10. 2.46	F	S	
1698	McCullough William	"	"	21.12.45	F	S	
799	McDonnell James	"	"	10. 2.46	F	S	
1761	McGrew Henry	"	"	"	F	S	(I.T.E.)
1851	McHew John	"	D.O.W.	6. 1.46	F		
1755	McMillen John	"	W	10. 2.46	F	S	
632	McPhiely Bernard	"	"	"	F	S	
2235	Maker Joel	"	"	"	F	S	
2183	Mallard John	"	"	"	F	S	
1872	Malligahn Thomas	"	"	21.12.45	F		
2266	Malone Martin	"	"	10. 2.46	F	S	
2086	Mann Edward	"	"	"	F	S	
1917	Marshall William	"	"	21.12.45	F	S	
1865	Martine James	"	"	"	F		
1501	Masters William	"	"	"	F	S	
1738	Meigham William	"	"	10. 2.46	F	S	(I.T.E.)
1568	Miller Thomas	"	D.O.W.	21. 2.46	F	S	
1774	Moore Thomas	"	W	10. 2.46	F	S	
1486	Mores John	"	"	21.12.45	F		(Invalided in India)
1641	Moss John	"	"	10. 2.46	F	S	
1846	Mulligan Patrick	"	"	21.12.45	F		
928	Mullins Henry	"	"	"	F		(I.T.E.)
623	Murphy Jeremiah	"	"	"	F		(I.T.E.)
1728	Murray James	"	"	10. 2.46	F	S	
1946	Nash William	"	"	21.12.45	F		(I.T.E.)
2320	Neil Robert	"	"	"	F		
1618	Nibbs Thomas	"	"	10. 2.46	F	S	
1841	Nolan Patrick	"	D.O.W.	24. 2.46	F		
491	O'Brien Jeremiah	"	W	21.12.45	F	S	
2185	O'Keeffe John	"	"	10. 2.46	F	S	
1750	Oliver James	"	"	21.12.45	F	S	
"	" "	"	"	10. 2.46	F	S	
564	O'Neill Hugh	"	"	21.12.45	F		
1923	O'Neill William	"	"	10. 2.46	F	S	
1188	Page William	"	"	"	F	S	
1197	Parker Joseph	"	"	21.12.45	F		
899	Patterson William	"	"	10. 2.46	F	S	
2265	Phillips George	"	"	"	F	S	
1650	Phillips Henry	"	"	21.12.45	F	S	
1690	Phillips Samuel	"	"	10. 2.46	F	S	
1432	Pickard Jonas	"	"	"	F	S	
2122	Pitcher Robert	"	D.O.W.	12. 2.46	F	S	
1410	Pountain William	"	"	25. 3.46	F		
1987	Prior Hugh	"	W	10. 2.46	F	S	
731	Probert John	"	D.O.W.	9. 3.46	F		
985	Rathbone David	"	W	21.12.45	F		
2033	Rawlands George	"	"	"	F		
2333	Reading William	"	D.O.W.	16. 1.46	F		
2327	Reed George	"	W	21.12.45	F		
2315	Reed Richard	"	"	"	F	S	
733	Reid Joseph	"	D.O.W.	20. 3.46	F	S	
1371	Rice Daniel	"	"	14. 2.46	F	S	
1977	Rice James	"	"	10. 1.46	F	S	(S clasp must be doubtful)
2326	Richards Benjamin	"	W	21.12.45	F	S	
2303	Riley Thomas	"	"	10. 2.46	F	S	
1944	Saunders John	"	D.O.W.	30.12.45	F		
1312	Saunders William	"	"	28.12.45	F		
1423	Savage William	"	W	21.12.45	F		
1624	Schofield John	"	"	"	F		(I.T.E.)
1580	Scott Francis	"	"	10. 2.46	F	S	
1686	Scott William	"	"	"	F	S	
1102	Serman Simeon	"	"	21.12.45	F		
1022	Shore John	"	"	"	F	S	
1612	Silver James	"	"	"	F		

2302	Smith John	Pte	W	21.12.45	F		
1655	Smith John	"	D.O.W.	10. 1.46	F		
1981	Smith William	"	W	21.12.45	F		
1888	Steggles George	"	"	"	F		
965	Steward Hugh	"	"	"	F	S	(K.I.A. 10.2.46)
2150	Stewart Thomas	"	D.O.W.	2. 3.46	F	S	
1639	Stodgell Charles	"	W	10. 2.46	F	S	(I.T.E.)
1326	Stork Seth	"	"	"	F	S	
601	Sullivan James	"	"	21.12.45	F		
1471	Sullivan Mortimer	"	"	10. 2.46	F	S	(I.T.E.)
2059	Sullivan Timothy	"	"	"	F	S	(I.T.E.)
1094	Suthers James	"	"	21.12.45	F		(I.T.E.)
435	Symons Charles	"	"	10. 2.46	F	S	
2076	Tarrant James	"	"	"	F	S	
2271	Taylor George	"	"	21.12.45	F		
1162	Taylor John	"	D.O.W.	10. 2.46	F		
2002	Thorn Richard (or Thom)	"	W	"	F	S	
2137	Timblett Daniel	"	"	21.12.45	F		
2175	Tobin John	"	"	"	F		
1389	Toms William	"	D.O.W.	29.12.45	F		
2299	Toole Joseph	"	"	23. 1.46	F		
2276	Touchwood James	"	W	21.12.45	F	S	
2204	Travis Ralph	"	D.O.W.	5. 7.46	F		
1304	Travis James	"	W	10. 2.46	F	S	
2001	Turner James	"	"	21.12.45	F		(Invalided)
1660	Turner Stephen	"	"	10. 2.46	F	S	(Died 1.4.46 Smallpox)
1418	Turner William	"	"	21.12.45	F		
2317	Twamblay John	"	"	10. 2.46	F	S	
1287	Tynin Thomas	"	"	"	F	S	
1474	Vowels James	"	"	21.12.45	F		
2295	Waldron James	"	"	10. 2.46	F	S	
759	Walker William	"	"	21.12.45		S	(Not entitled to F)
2176	Wallace Robert	"	"	"	F		
1886	Wallis William	"	"	10. 2.46	F	S	
437	Walsh Richard	"	"	21.12.45	F		
1373	Walton James	"	"	10. 2.46	F	S	
2014	Watts Henry	"	D.O.W.	22. 1.46	F		
2165	Waugh Thomas	"	W	10. 2.46	F	S	
1883	Webb John	"	D.O.W.	17. 2.46	F		
1748	Weeks David	"	W	21.12.45	F		
1971	Weir James	"	D.O.W.	31.12.45	F		
1833	Welsh David K (or Walsh)	"	W	21.12.45	F		
1791	White John	"	"	"	F	S	
2168	Willis John	"	"	10. 2.46	F	S	(I.T.E.)
1947	Willis William	"	D.O.W.	22. 2.46	F		
1433	Wilson John	"	W	10. 2.46	F	S	
535	Wilson William	"	"	21.12.45	F		(I.T.E.)
1955	Wilson William	"	"	"	F		
2258	Wood John	"	"	"	F	S	
616	Woods Thomas	"	"	"	F		
1325	Woolhouse William	"	"	10. 2.46	F	S	
2073	Woolley Philip	"	"	"	F	S	
1170	Wright George	"	"	21.12.45	F	S	
2286	Wright Henry	"	"	10. 2.46	F	S	
2331	Wyatt Benjamin	"	"	21.12.45	F		
722	Yates William	"	D.O.W.	27.12.45	F		
	Coventry Frederick	Lieut	Died	29. 7.46		S	
811	Haigh Henry	Sgt	"	17. 4.46	F	S	(Smallpox)
2147	Bryant James	Cpl	"	13. 4.46	F	S	(Dysentry)
2057	Candy James	Pte	"	"	F		(Dropsy)
2105	Hill William	"	"	5. 3.46	F	S	(Fever)
1915	Kelly Patrick	"	"	9. 5.46	F	S	(Dropsy)
2324	Pitman Charles	"	"	12. 4.46	F	S	(Dysentry)
1660	Turner Stephen	"	"	1. 4.46	F	S	(Smallpox)
1746	White George	"	"	8. 5.46	F	S	(Fever)

31st FOOT

	Brenchley John	Lieut	K.I.A.	18.12.45	M
	Hart H W	"	"	"	M

	Name	Rank		Date					
	Pollard J L R	Lieut	K.I.A.	22.12.45	M	F			
	Bernard William	Lt.& Adj.	"	2.12.45	M	F			
163	Mulligan Hugh	Q.M.	"	18.12.45	M				
1454	Kennely John (1542)	Sgt	"	22.12.45	M	F			
611	McRedmond Michael	"	"	18.12.45	M				
1384	Collier Martin	Cpl	"	22.12.45	M	F			
1584	Marsh John	"	"	10. 2.46	M	F	A	S	
1651	Patterson Charles	"	"	"	M	F	A	S	
1210	Quelch William	"	"	18.12.45	M				
1493	Woodcock Thomas	"	"	21. 1.46	M	F			
1019	Cunningham John	Drmr	"	10. 2.46	M	F	A	S	
934	Dougherty William	"	"	21.12.45	M	F			
2011	Arthurs George	Pte	"	10. 2.46	M	F	A	S	
1875	Barker John	"	"	"	M	F		S	
1676	Bassett Thomas	"	"	18.12.45	M				
2288	Biggs Robert	"	"	"	M				
1482	Bottles Abraham	"	"	21.12.45	M	F			
625	Branken John	"	"	"	M	F			
1869	Brown Charles (or 1859)	"	"	"	M	F			
1844	Callaghan John (2032)	"	"	"	M				(F not shown)
2310	Carroll John (or 2297)	"	"	21. 1.46	M	F			
2299	Chamberlain John	"	"	10. 2.46	M	F	A	S	
2293	Chapman John	"	"	28. 1.46	M	F	A		
1092	Charters John	"	"	21. 1.46	M	F			
2309	Clarke Michael (or 2296)	"	"	21.12.45	M	F			
598	Cleary James (or 1597)	"	"	22.12.45	M	F			
1474	Coapes James	"	"	"	M	F			
2039	Coffee Maurice	"	"	"	M	F			
2276	Connors Edward	"	"	18.12.45	M				
2040	Corbett Charles H	"	"	10. 2.46	M	F	A	S	
1094	Cornelius Joseph (1049)	"	"	22.12.45	M	F			
1691	Cowley Thomas	"	"	18.12.45	M				
1606	Daeton Patrick	"	"	21.12.45	M	F			
1534	Daniel John	"	"	22.12.45	M	F			
1622	Davy Michael	"	"	10. 2.46	M	F	A	S	
1831	Deane George	"	"	18.12.45	M				
2304	Dongan John	"	"	"	M				
1417	Donohoe Michael	"	"	22.12.45	M	F			
1725	Doolan Matthew (1727)	"	"	21.12.45	M	F			
1717	Doulan Patrick	"	"	"	M	F			
1649	Downie William	"	"	10. 2.46	M	F	A	S	
2271	Doyle John	"	"	18.12.45	M				
1758	Eagan James (or 1718)	"	"	21. 1.46	M	F			
1664	Emmerson William (1654)	"	"	22.12.45	M	F			
2375	Fhiswick Richard (2275)	"	"	"	M	F			
2071	Finnigan William	"	"	"	M	F			
1257	Garner John (or 1500)	"	"	"	M	F			
2083	Gilbert Charles	"	"	"	M	F			
1938	Hacker Samuel	"	"	21. 1.46	M	F			
1936	Healy Patrick	"	"	22.12.45	M	F			
1601	Hewston or Huston Geo.	"	"	10. 2.46	M	F	A	S	(or Huston)
1404	Hiscox John (or 1440)	"	"	21.12.45	M	F			
2092	Hitchcock William	"	"	"	M	F			
1135	Hogan John (1155)	"	"	10. 2.46	M	F	A	S	
1811	Holt William	"	"	"	M	F	A	S	
1610	Hughes John	"	"	21.12.45	M	F			
1941	Humphrey John	"	"	18.12.45	M				
1695	Hunt Arthur	"	"	22.12.45	M	F			
1733	Jones George	"	"	21.12.45	M	F			
2359	Kehoe James	"	"	22.12.45	M	F			
1396	Kelly John	"	"	21.12.45	M	F			
2279	KENNA Thomas	"	"	10. 2.46	M	F	A	S	
225	Kennaway Robert (1192)	"	"	22.12.45	M	F			
1945	Kennedy Anthony	"	"	"	M	F			
1698	Kennedy Thomas	"	"	18.12.45	M				
992	Kenney Michael	"	"	21.12.45	M	F			
1842	Kenny James	"	"	10. 2.46	M	F	A	S	
1723	Lawler Michael	"	"	21.12.45	M	F			

2110	Leyfield William	Pte	K.I.A.	18.12.45	M			
1736	Lilley Edward	"	"	10. 2.46	M	F	A	S
1957	Lorkin William(or 1757)	"	"	18.12.45	M			
2117	McCaffery John	"	"	"	M			
1701	McCarthy Charles	"	"	"	M			
1216	McCarthy Patrick	"	"	21. 1.46	M	F		
1702	McCornick Augustus	"	"	10. 2.46	M	F	A	S
2332	McCready Hugh	"	"	22.12.45	M	F		
2118	McDermell William	"	"	10. 2.46	M	F	A	S
1778	McDermott James	"	"	21. 1.46	M	F		
1021	McDermott Michael	"	"	10. 2.46	M	F	A	S
1263	McIntire John	"	"	"	M	F	A	S
2113	McManus Henry	"	"	18.12.45	M			
2333	McQuillan Charles	"	"	22.12.45	M	F		
2119	McQuillan John	"	"	10. 2.46	M	F	A	S
1832	Marlowe Samuel	"	"	21.12.45	M	F		
1448	Marmoy John	"	"	18.12.45	M			
1961	Mason Thomas	"	"	"	M			
1003	Matley Alexander	"	"	"	M			
2362	Morris George	"	"	10. 2.46	M	F	A	S
1706	Muldoon Patrick(or 1707)	"	"	22.12.45	M	F		
1549	Mullins William	"	"	21.12.45	M	F		
1129	Murphy Peter	"	"	18.12.45	M			
1627	Neagle James (or 1656)	"	"	21.12.45	M	F		
2136	Newbury Thomas	"	"	10. 2.46	M	F	A	S
1681	Nunan Michael	"	"	22.12.45	M	F		
1662	O'Brien James J	"	"	21.12.45	M	F		
1791	O'Neil John	"	"	22.12.45	M	F		
1510	Ottarra John (or 1509)	"	"	21. 1.46	M	F		
1971	Owers John	"	"	10. 2.46	M	F	A	S
1976	Petch Samuel	"	"	22.12.45	M	F		
1708	Pheaton William	"	"	10. 2.46	M		A	S
1473	Pickett Francis	"	"	"	M	F	A	S
1576	Pickford William	"	"	21. 1.46	M	F		
2152	Pitts George	"	"	10. 2.46	M	F	A	S
1346	Pope Frederick	"	"	"	M	F	A	S
2370	Poveton Edward	"	"	22.12.45	M	F		
1833	Proute Stephen	"	"	21.12.45	M	F		
1800	Purdue Thomas	"	"	18.12.45	M			
873	Rafferty Michael	"	"	10. 2.46	M	F	A	S
1982	Regan John	"	"	21.12.45	M	F		
1451	Ross William	"	"	10. 2.46	M	F	A	S
1531	Ryan John	"	"	22.12.45	M	F		
1986	Rylance Thomas	"	"	21. 1.46	M	F		
1585	Saunders Henry	"	"	21.12.45	M	F		
2167	Scales Charles	"	"	"	M	F		
1383	Shalders John	"	"	10. 2.46	M	F	A	S
2171	Sheppard Charles	"	"	22.12.45	M	F		
1202	Sherrin George	"	"	10. 2.46	M	F	A	S
2180	Smith Daniel	"	"	21. 1.46	M	F		
1991	Smithson Edward	"	"	"	M	F		
2228	Stalliard William	"	"	10. 2.46	M	F	A	S
1994	Stephens John	"	"	22.12.45	M	F		
2355	Stewart John (or 1615)	"	"	21.12.45	M	F		
1113	Street Edward	"	"	10. 2.46	M	F	A	S
1683	Sullivan Daniel	"	"	"	M	F	A	S
1996	Taeton John	"	"	22.12.45	M	F		
1712	Taylor John	"	"	21. 1.46	M	F		
2284	Torpe Patrick (or 2289)	"	"	10. 2.46	M	F	A	S
1848	Towers Keiron	"	"	18.12.45	M			
1504	Tulley Andrew	"	"	22.12.45	M	F		
2003	Whealdon William	"	"	18.12.45	M			
2350	Wildridge William	"	"	21.12.45	M	F		
2351	Williamson Nevin	"	"	"	M	F		
2241	Wilson Henry	"	"	18.12.45	M			
809	Wheeler James	"	"	"	M			
2230	Yates Joseph	"	"	"	M			
	Bolton Samuel	Col	D.O.W.	"	M			

	Name	Rank		Date					Notes
	Byrne John	Lt/Col	W	18.12.45	M				(Exchanged to 53rd Foot)
	Baldwin George	Major	D.O.W.	21.12.45	M	F			
	Bulkeley Thomas	"	"	18.12.45	M				
	Young G D	"	W	"	M	F			(Exchanged to 10th Foot)
	Garvock John	Capt	"	10. 2.46	M	F	A	S	
	Lugard Edward	"	"	18.12.45	M	F	A	S	(Exchanged to 29th Foot)
	" "	"	"	21.12.45	M	F	A	S	
	Willes W G	"	D.O.W.	18.12.45	M				
	Atty W F W	Lieut	W	28. 1.46	M	F	A	S	(Died 8.5.46)
	Bolton H S	"	"	10. 2.46	M	F	A	S	
	Duvernet William	"	"	28. 1.46			A		(Also on 50th Foot Roll)
	Elmslie Graham	"	"	10. 2.46	M	F	A	S	
	Gabbett Poole	"	"	"	M	F	A	S	
	Hutton H P	"	"	22.12.45	M	F	A	S	
	Law Robert	"	"	10. 2.46	M	F	A	S	
	Paul James	"	"	22.12.45	M	F	A	S	
	Pilkington Arthur	"	"	21.12.45	M	F			
	Plaskett T H	"	"	22.12.45	M	F			
	Pollard J L R	"	"	18.12.45	M	F			
	Tritton C H G	"	D.O.W.	10. 2.46	M	F	A	S	
	Turnbull J S	"	W	"	M	F	A	S	
	Jones William	Ensign	D.O.W.	"	M	F	A	S	
	Gahan R B	Ass/Surg	"	18.12.45	M				(also on 9th Foot Roll)
416	Trench Patrick	QM/Sgt	W	"	M				
1024	Benson William	Sgt	"	"	M				
1096	Dooley Patrick	"	"	"	M				
1428	Hipwell James	"	"	10. 2.46	M	F	A	S	
1262	Kelly Michael	"	"	"	M	F	A	S	
2378	Milles George	"	"	21.12.45	M	F			
1475	Parker Josias	"	"	22.12.45	M	F			
1390	Twelly Samuel or Turelly	"	D.O.W.	7. 1.46	M	F			
782	White John	"	W	18.12.45	M				
1688	Byrne Patrick	Cpl	"	10. 2.46	M	F	A	S	
1463	Fitzgibbons Peter	"	D.O.W.	15. 1.46	M	F			
2075	Foley Patrick	"	W	10. 2.46	M	F	A	S	
2264	Fraher John	"	"	"	M	F	A	S	
1381	Glen Robert	"	"	18.12.45	M				
1407	Ivin Frederick	"	D.O.W.	16. 2.46	M				
1503	Keating Thomas	"	W	18.12.45	M				
1577	Maine William	"	D.O.W.	20. 2.46	M	F	A	S	
1399	Skinner Edward	"	W	28. 1.46	M	F	A		
1244	Spring Frederick	"	D.O.W.	27. 1.46	M	F			
659	Tritton John	"	"	29.12.46	M	F			
1037	Cantlow Thomas	Drmr	W	10. 2.46	M	F	A	S	
1005	Cockens Joseph	"	"	18.12.45	M				
1565	Conroy John	"	"	10. 2.46	M	F	A	S	(Vol. to 9th Foot)
1686	Ainger William	Pte	W	"	M	F	A	S	
789	Allard Stephen	"	"	"	M	F	A	S	
1217	Barry Michael	"	"	10. 2.46	M	F	A	S	
1877	Barrett John	"	D.O.W.	19.12.45	M				
1416	Bartram Thomas or 1461	"	W	10. 2.46	M	F	A	S	
1878	Bentley William	"	D.O.W.	19.12.45	M				
1589	Birmingham John	"	"	14. 6.46	M	F			
1148	Boyle Thomas	"	M	27. 4.46	M	F			(Missing not since heard of)
2023	Brennon Michael	"	W	18.12.45	M				
1356	Brennon Kieron	"	"	"	M				
1678	Brewer Robert	"	D.O.W.	9. 3.46	M				
1272	Brien John	"	W	22.12.45	M	F			
1281	Browne James	"	"	10. 2.46	M	F	A	S	
1882	Burchill Edward	"	"	18.12.45	M				
1247	Burns Darby	"	D.O.W.	9. 1.46	M				
1119	Burns John	"	W	18.12.45	M				
2374	Butler James	"	"	22.12.45	M	F			
1697	Cahill John	"	D.O.W.	27.12.45	M	F			
2033	Cameron Alexander	"	"	15. 2.46	M	F	A	S	

2031	Campbell Neil	Pte	W	10. 2.46	M	F	A	S	(Vol. to 80th Foot)
1040	Campbell Patrick	"	D.O.W.	15. 1.46	M				
1422	Candler John	"	"	23.12.45	M				
1172	Cantwell John	"	"	1. 3.46	M				
1751	Carey James	"	"	7. 1.46	M				
2260	Carroll Henry	"	W	21.12.45	M	F			(I.T.E.)
1415	Chadwick James	"	"	10.12.45	M				(Vol. to 53rd Foot)
1291	Chadwick Samuel	"	D.O.W.	28. 2.46	M	F			
1690	Cheeseman George	"	W	10. 2.46	M	F	A	S	
1813	Coffey Timothy	"	"	21.12.45	M	F			
1055	Coleman Patrick	"	D.O.W.	3. 2.46	M				
1403	Coleman Thomas	"	W	18.12.45	M				
2357	Colley James	"	D.O.W.	22. 2.46	M	F			
1814	Commons Michael	"	W	21.12.45	M	F			
1041	Cosgrove James	"	"	18.12.45	M				
2229	Cowel Isaac	"	"	"	M				
1865	Cox James	"	"	22.12.45	M	F			
2298	Crossley James	"	D.O.W.	"	M	F			
2059	Day James	"	W	18.12.45	M				(Vol. to 62nd Foot)
2050	Denton William	"	D.O.	27. 1.46	M				
1849	Donohoe Michael	"	W	21.12.45	M	F			
1173	Dwyer James	"	"	18.12.45	M				(Vol. to 53rd Foot)
829	Fay John	"	"	"	M				
1915	Fielding Dennis	"	"	"	M				
1195	Finnigan William	"	"	10. 2.46	M	F	A	S	
1264	Flannery Peter	"	"	21. 1.46	M	F	A		(Vol. to 50th Reg)
1806	Flannigan Thomas	"	D.O.W.	26. 1.46	M				
1125	Fletcher Samuel	"	W	10. 2.46	M	F	A	S	
1922	Fuller Joseph	"	D.O.W.	30. 1.46	M	F			
2316	Gallagher Patrick	"	W	18.12.45	M				(Drowned in Ganges 15.5.46)
1359	Garanghty Patrick	"	D.O.W.	19. 2.46	M	F	A	S	(New medal issued MI446/85)
1672	Garvey James	"	"	13. 2.46	M	F	A	S	
1024	Gibson John	"	W	28. 1.46	M	F	A		
1661	Gibton Jacob	"	D.O.W.	11. 2.46	M	F	A	S	
1926	Gleeson John	"	W	18.12.45	M				
1942	Gordon Joseph (or 1939)	"	"	28. 1.46	M	F	A		
2085	Grady John (or 2279)	"	D.O.W.	20.12.45	M				
1929	Green John W	"	W	18.12.45	M				
2358	Groves William	"	"	21.12.45	M	F			(Drowned 15.5.46)
2320	Handridge Andrew	"	D.O.W.	30.12.45	M	F			
692	Harbison Adam (or 695)	"	W	18.12.45	M		A	S	
2089	Hartin Patrick	"	D.O.W.	"	M				
1620	Hartforde Henry	"	W	29.12.45	M	F			(I.T.E.)
1658	Haverty William	"	"	20. 2.46	M	F	A	S	
1220	Hennessy John	"	D.O.W.	3. 1.46	M				
2098	Higgins Thomas	"	"	19. 1.46	M				
1435	Hill John	"	W	21.12.45	M	F			
1459	Hockenshall Edwin (1457)	"	D.O.W.	30.12.45	M	F			
2869	Hopgood Charles (or 2267)	"	"	23.12.45	M				
1034	Irwin Jeremiah	"	W	10. 2.46	M	F	A	S	(Vol. to 80th Foot)
1513	Kelly John	"	"	21.12.45	M	F			(Vol. to 50th Foot)
2223	Kearnes Owen	"	"	18.12.45	M				
1198	Laing Francis	"	"	21.12.45	M	F			(Vol. to 9th Foot)
2372	Laing Robert	"	"	"	M	F			(Vol. to 21st Foot)
1862	Lanigan John	"	"	10. 2.46	M	F	A	S	
2107	Lenahan Thomas	"	"	18.12.45	M				(Vol. to 50 Reg)
1595	Lee Bartholomew	"	"	"	M				
1583	Lohin or Lockin Mich.	"	"	22.12.45	M	F			
883	Lucas Thomas	"	"	"	M	F			
1378	McCabe Bernard	"	D.O.W.	2. 2.46	M	F	A		
1258	McDermott Timothy	"	"	24.12.45	M	F			
1194	McElroy Samuel	"	W	18.12.45	M				
2114	McGinn Robert (2237)	"	D.O.W.	9. 1.46	M	F			
1136	McLaughlin Michael	"	W	18.12.45	M				
2144	McShee Daniel (2239)	"	D.O.W.	15. 2.46	M	F	A	S	
2266	Makepeace Thomas	"	W	18.12.45	M				

2123	Maxwell John (or 2132)	Pte	D.O.W.	15. 2.46	M	F	A	S	
1482	Medell Thomas (1492)	"	W	18.12.45	M				
1053	Minton William (1853)	"	"	21.12.45	M	F			
1250	Monaghan Daniel	"	D.O.W.	2. 3.46	M	F	A	S	
2373	Moran John	"	"	28.12.45	M				
507	Mullin John	"	"	"	M				
2130	Murdon Samuel	"	W	22.12.45	M	F			
1865	Murphy George (or 1685)	"	D.O.W.	24.12.45	M				
2134	Neale Patrick	"	W	18.12.45	M	F	A	S	
2143	Ollarton Philip	"	D.O.W.	20.12.45	M	F			
1191	Pack William	"	W	18.12.45	M				
2141	Parr George (or 2145)	"	"	22.12.45	M	F			
1839	Parrion James	"	D.O.W.	1. 1.46	M	F			
1636	Peake William	"	W	18.12.45	M				
2150	Pearce Henry	"	D.O.W.	30. 1.46	M	F	A		
2252	Plumridge James	"	W	18.12.45	M				
1979	Pyburn Edward (1939)	"	"	"	M				
2155	Randoll David	"	"	10. 2.46	M	F	A	S	
2157	Remox Joseph	"	"	18.12.45	M	F	A	S	
1736	Renihan Laurence (1735)	"	D.O.W.	4. 1.46	M				
2339	Rice Lawrence	"	W	21. 1.46	M	F			
2380	Rice William	"	D.O.W.	15. 2.46	M	F	A		
1855	Roberts Richard	"	"	19.12.45	M				
1401	Robb David	"	W	10. 2.46	M	F	A	S	
1084	Rock John	"	D.O.W.	2. 1.46	M	F			
1590	Rutlege John	"	W	28. 1.46	M	F	A		
1109	Seymour John	"	"	18.12.45	M				
1166	Sheridan Patrick	"	D.O.W.	21.12.45	M				
1810	Smith William (2182)	"	W	21. 1.46	M	F			
1573	Smith Stephen	"	"	10. 2.46	M	F	A	S	
1318	Stapleton James	"	D.O.W.	25.12.45	M	F			
1001	Sullivan Henry	"	"	20.12.45	M				
2187	Sullivan John	"	W	10. 2.46	M				
1993	Stainsforth Charles	"	"	"	M	F	A	S	
1997	Tanner Isaac	"	D.O.W.	25. 2.46	M	F	A	S	
1379	Taylor James	"	"	4. 1.46	M				
1998	Terry William	"	W	18.12.45	M				(Vol to 80th Foot)
1136	Ticker John	"	D.O.W.	2. 6.46	M	F	A	S	(W 10.2.46)
1845	Tudor William	"	"	27. 1.46	M	F			
1514	Turley John (or 1278)	"	"	"	M				
1575	White Daniel	"	"	27. 2.46	M	F			
1818	Whiteley James	"	W	18.12.45	M				
1138	Wholoughan Dennis	"	D.O.W.	6. 2.46	M				
1039	Wilkinson Henry	"	W	10. 2.46	M	F	A	S	
1316	Winston William	"	"	"	M	F	A	S	
1594	Barrett John	Sgt	I.T.E.	"	M	F		S	
352	Bathorne Richard	"	Died	9. 2.46	M	F		S	
1117	Byrne William	"		1. 4.46	M	F			(Invalided in India)
1431	Campbell John	"	I.T.E.		M	F			
623	Collins Isaac	"	"		M	F			
307	Cox Job (or 334)	"	Died	27. 1.46	M	F			
1500	Matthews Anthony	"	"	10. 5.46	M				
2274	Brooks Samuel (2716)	Cpl	"	10. 4.46	M	F	A	S	
1930	Earle Edward (or 1913)	"	I.T.E.		M	F			
915	Reilly James	"	"		M	F	A	S	(Invalided in India)
1674	Sherman William	"	Died	29. 4.46	M	F	A	S	
1263	Batcheldor Michael	Pte	"	15. 7.46	M	F	S		
1205	Bishop Joseph	"	"	15. 1.46	M	F			
1884	Burley John	"	I.T.E.		M				
1120	Burns William	"	I.I.I.		M	F	A	S	(Invalided in India)
757	Cleese Henry	"	Died	11. 7.46	M	F	A	S	
1147	Connors David	"	I.T.E.		M	F			
768	Cordew Thomas	"	"		M				
650	Cottey William	"	"		M				
603	Coughlin John	"	I.I.I.		M	F			(Invalided in India)
2308	Delaney Dennis (2031)	"	I.T.E.		M	F			
2050	Drury Patrick	"	"		M				
1469	Foster Cornelius	"	"		M				
773	Gibbs William	"	"		M	F			
2315	Gladhall Fairfax	"	Died	7. 5.46	M				

2358	Groves William	Pte	Drowned	15. 5.46	M	F		
1940	House John	"	Died	27. 2.46	M	F	A	S
1433	Hunt William	"	I.T.E.		M			
1757	Jennings John	"	Died	25.12.45	M	F		
1808	Lawler or Lator John	"	"	22. 1.46	M	F		
1233	McCarthy Michael	"	I.T.E.		M			
1449	McDermott Michael	"	Died	10. 4.46	M	F	A	S
1957	McGiddons Michael	"	"	13. 1.46	M	F		
1266	McGorvan Andrew	"	I.T.E.		M	F		
1954	Macdonall Peter	"	Died	23.12.45	M			
1246	Manser James	"	I.T.E.		M	F	A	
1477	Mason Robert	"	Died	21. 1.46	M			
2337	Miller Thomas (2331)	"	"	19. 7.46	M	F	A	S
1435	Mitchell John (1535)	"	"	2. 6.46	M			
812	Mitchell William	"	I.T.E.		M	F		
2129	Morris William	"	"		M			
2133	Murphy Patrick	"	Died	10. 6.46	M	F	A	S
1588	Murray Edward	"	"	19. 5.46	M	F	A	S
1395	Page Henry	"	I.T.E.		M	F	A	S
1737	Phillips William	"	"		M			
497	Regan Michael	"	Died	22. 3.46	M	F	A	S
2227	Rickwood William	"	I.T.E.		M			
2161	Rose Samuel	"	Drowned	2. 6.46	M	F	A	S
2175	Smith James	"	I.T.E.		M			
2177	Smith John	"	"		M			
2319	Sullivan Martin	"	Died	28. 5.46	M			
2352	Wallbank George	"	I.T.E.		M			
2002	Waters Peter	"	Died	22. 3.46	M	F	A	S
2207	Williams Frederick	"	I.T.E.		M			

50th FOOT

	Grimes Charles R	Lieut	K.I.A.	10. 2.46	M	F	A	S
	Grimes John Joseph	"	"	28. 1.46	M	F	A	
	Graydon Alexander	Ass/Surg	"	18.12.45	M			
1074	Chovill Samuel	Col/Sgt	"	10. 2.46	M	F	A	S
840	Cantwell John	"	"	"	M	F	A	S
1156	Becket William	Cpl	"	"	M	F	A	S
1155	Bradshaw George	"	"	"	M	F	A	S
1600	Cream Thomas	"	"	"	M	F	A	S
1904	Ferguson Robert	"	"	"	M	F	A	S
948	Johnson Edward	"	"	28. 1.46	M	F	A	
894	Kelly Patrick (8194)	"	"	18.12.45	M			
1400	Taylor Samuel	"	"	21.12.45	M	F		
1356	Taylor William	"	"	"	M	F		
1551	Astley Robert	Pte	"	"	M	F		
2069	Barry William	"	"	"	M	F		
1306	Beisley Richard	"	"	18.12.45	M			
2382	Bell Thomas	"	"	10. 2.46	M	F	A	S
1115	Brooks George	"	"	22.12.45	M	F		
1049	Brooks John	"	"	18.12.45	M			
1206	Brown Joseph	"	"	10. 2.46	M	F	A	S
1998	Brown Richard	"	"	18.12.45	M			
1393	Buggins Thomas	"	"	10. 2.46	M	F	A	S
1971	Carroll Denis	"	"	18.12.45	M			
1305	Clarke William	"	"	"	M			
2391	Coley Charles	"	"	10. 2.46			A	S
2261	Connell Dennis	"	"	"			A	S
2365	Connelly Dennis	"	"	"			A	S
2088	Cook James	"	"	"	M	F	A	S
2037	Coroner William	"	"	"	M	F	A	S
1332	Cox David	"	"	18.12.45	M			
1177	Creswick Morgan	"	"	22.12.45	M	F		
2046	Cronan Bartholomew	"	"	18.12.45	M			
2456	Cullen Michael	"	"	10. 2.46			A	S

2019	Daley Eugene	Pte	K.I.A.	21.12.45	M	F			
2144	Daniel Richard	"	"	"	M	F			
2271	Davis James	"	"	18.12.45	M				
1186	Dawson Joshua	"	"	22.12.45	M	F			
935	Dempsey William	"	"	21.12.45	M	F			
2020	Donaghue John	"	"	"	M	F			
1825	Dooley Daniel	"	"	18.12.45	M				
1827	Dunn Francis	"	"	10. 2.46	M	F	A	S	
1766	Eady William	"	"	"	M	F	A	S	
963	Fitzpatrick Daniel	"	"	"	M	F	A	S	(W. 21.12.45)
2455	Flynn James	"	"	21.12.45	M	F			
2096	Garrett William(I)	"	"	"	M	F			
2022	Gibson Richard	"	"	18.12.45	M				
1995	Gillman Richard	"	"	21.12.45	M	F			
1560	Hamar Aaron	"	"	10. 2.46			A	S	
2356	Harlow Benjamin	"	"	"			A	S	
2086	Harris Frederick	"	"	"	M	F	A	S	
1148	Harris James	"	"	"			A	S	
1580	Healy Matthew	"	"	10. 2.46	M	F	A	S	
1818	Hogan Daniel	"	"	28. 1.46	M	F	A		
2137	Holland John	"	"	"	M		A		
2508	Hunt John	"	"	10. 2.46			A	S	
1814	Hutchings John	"	"	18.12.45	M				
1873	Jackson Thomas	"	"	10. 2.46	M	F	A	S	
2018	Johnson Frederick	"	"	18.12.45	M				
1744	Jordan Stephen	"	"	10. 2.46	M	F	A	S	
1499	Kelly Martin	"	"	"	M	F	A	S	
2485	Kelly Philip	"	"	"			A	S	
1500	Kennealy William	"	"	18.12.45	M				
2429	Lawler Peter	"	"	"	M				
2255	Lawson Thomas	"	"	10. 2.46			A	S	
1629	Lynch Michael	"	"	"	M	F	A	S	
370	McCullen James	"	"	22.12.45	M	F			
970	McKenna Patrick	"	"	18.12.45	M				
1275	Marsh Richard	"	"	10. 2.46	M	F	A	S	
961	Martin William	"	"	"	M	F	A	S	
1751	Mason John	"	"	18.12.45	M				
2413	Matthews Felix	"	"	10. 2.46			A	S	
1625	Mitchell John	"	"	21.12.45	M	F			
1586	Nugent Michael	"	"	22.12.45	M	F			
2233	O'Shaughnessy Timothy	"	"	28. 1.46	M	F	A		
2399	Palfrey James	"	"	21.12.45	M	F			
2044	Pearson Francis	"	"	"	M	F			
1968	Peel John	"	"	"	M	F			
1753	Pegg Matthew	"	"	28. 1.46			A		
1434	Perry Thomas	"	"	21.12.45	M	F			
1914	Rice James	"	"	10. 2.46	M	F	A	S	
1694	Rickaby William	"	"	18.12.45	M				
2402	Ronalds Richard	"	"	10. 2.46	M	F	A	S	
1060	Rutherford Robert	"	"	21.12.45	M	F			
1567	Sherridan John	"	"	10. 2.46	M	F	A	S	
1511	Smith John	"	"	"	M	F	A	S	
1815	Smith William(1)	"	"	18.12.45	M				
1038	Spanton Robert	"	"	28. 1.46	M	F	A	S?	'S' not likely
1984	Speak Thomas	"	"	10. 2.46	M	F	A	S	
1854	Stevens George	"	"	"	M	F	A	S	
955	Sullivan Denis (I)	"	"	"	M	F	A	S	
2007	Thompkins Charles	"	"	21.12.45	M	F			
1609	Wade Roger	"	"	22.12.45	M	F			
2325	Wallace Robert	"	"	10. 2.46			A	S	
1249	Waslh Edward	"	"	21.12.45	M	F			
1759	Watts Charles	"	"	18.12.45	M				
2140	Whittaker James	"	"	28. 1.46	M	F	A		
2102	Williams Edward	"	"	21.12.45	M	F			
1893	Wiltshire Peter	"	"	21. 1.46	M	F	A?		('A' doubtful)
1581	Winn Patrick	"	"	10. 2.46	M	F	A	S	

2021	Wright William	Pte	K.I.A.	10. 2.46	M			S	
	Ryan T KH	Br/Lt/Col	D.O.W.	"	M	F	A	S	(Appointed CB)
	Petit P J	"	W	"	M	F	A	S	(Appointed CB)
	Braithway-Bonham Jn	Capt	"	"	M	F	A	S	
	Knowles William	"	"	28. 1.46	M	F	A		
	McLeod-Tew George	"	"	10. 2.46	M	F	A	S	
	Needham Henry	"	"	18.12.45	M			S	
	" "	"	"	10. 2.46	M			S	
	Wilson John Lucas	"	"	28. 1.46			A	S	(Proceeded to England)
	" " "	"	"	10. 2.46			A	S	
	Barnes Richard Moore	Lieut	"	18.12.45	M				
	Bellers Robert Bridges	"	"	28. 1.46	M	F	A	S	
	Bishop James Cumming	"	D.O.W.	6. 2.46	M				
	Carter William Scott	"	W	18.12.45	M	F	A	S	
	Chambers Edward John	"	"	"	M				
	Elgee William Percival	"	"	28. 1.46	M	F	A	S	
	Frampton Heathfield J	"	"	"	M	F	A		
	Hough Henry Wainwright	"	"	10. 2.46	M	F	A	S	
	Mouat Charles Abney	"	"	"	M	F	A	S	
	Mullen Edward Cowell	Lt&Adj	"	22.12.45	M	F			
	Purcell John	Lieut	"	28. 1.46			A		
	Smyth James Griffith	"	"	10. 2.46	M	F	A	S	
	Tottenham Charles Henry	"	"	"	M	F	A	S	
	White Amos	"	"	21.12.45	M	F	A		
	" "	"	"	28. 1.46	M	F	A		
	Young Charles Edward	"	D.O.W.	20.12.45	M				
	Farmer William Robert	Ensign	W	28. 1.46			A		
	Slessor Chas. Hildebrand	"	W	10. 2.46			A	S	
	DuVernett W	Lieut	"	28. 1.46			A		(Alson on 31st Foot Roll)
455	Campbell James	Col/Sgt	"	"	M	F	A		
1671	Leary John	"	"	10. 2.46	M	F	A	S	(I.T.E.)
1357	Roberts George	"	"	18.12.45	M				
1235	Whyte John	"	D.O.W.	28. 2.46	M				
1158	Burnside William	Sgt	W	18.12.45	M				
1080	Carter George	"	"	28. 1.46	M	F	A		
811	Fenton Matthew	"	D.O.W.	11. 4.46	M	F	A	S	
2124	Godwin James	"	W	21.12.45	M	F	A	S	
352	Henley Robert	"	D.O.W.	11. 4.46	M				
878	Kearns Joseph	"	W	10. 2.46	M	F	A	S	
971	McDermott Joshua	"	"	21.12.45	M	F			
498	McMicking James	"	D.O.W.	4. 5.46	M	F		S	(W 21.12.45 & 10.2.46)
1293	Pilcher William	"	W	21.12.45	M	F			
1209	Prettie Robert	"	"	18.12.45	M	F	A		
	" "	"	"	28. 1.46	M	F	A		
2195	Sayers James	"	"	21.12.45	M	F			
1221	Smith William	"	"	28. 1.46	M	F	A		
2004	Thompson John	"	"	22.12.45	M	F	A	S	(Became Ensign 1852
	" " "	"	"	10. 2.46	M	F	A	S	(Retired Maj.Gen.1880
									(Died 1886 Served in
									(Crimea & N.Z.)
1103	White Thomas	"	"	"	M	F	A	S	
1205	William John	"	"	"	M	F	A	S	
1890	Burke Tobias	Cpl	"	28. 1.46	M	F	A		
688	Campion Thomas	"	"	18.12.45	M				
2040	Cantwell Thomas	"	"	"	M	F	A	S	(Died 20.5.46)
2235	Ellis Cunningham	"	"	22.12.45	M	F	A	S	
1494	Emery Thomas	"	"	10. 2.46	M	F	A	S	
1091	Felwick James	"	"	28. 1.46	M	F	A		
1789	Foley Robert	"	"	10. 2.46	M	F	A		
1182	Gurd John	"	"	28. 1.46	M	F	A		
1251	Harvey Richard	"	"	10. 2.46	M	F	A	S	
1497	Hewitt John	"	"	28. 1.46	M	F	A		
1312	Hollick Henry	"	"	10. 2.46	M	F	A	S	
2116	Kearns John	"	"	18.12.45	M		A	S	
	" "	"	"	10. 2.46	M		A	S	
1614	Keating Francis	"	"	"	M	F	A	S	
1824	Lynam Michael	"	"	"	M	F		S	

	450	McDonell John	Cpl	W	22.12.45	M	F	A	S		
	"	" "	"	"	10. 2.46	M	F	A	S		
	1757	Preston Joseph	"	"	18.12.45	M	F	A	S		
	"	" "	"	"	10. 2.46	M	F	A	S		
*	876	Pollock Robert	"	"	18.12.45	M		A	S		
	1031	Robinson John	"	"	28. 1.46			A			
	530	Ross William	"	"	10. 2.46	M	F	A	S	(Died 20.5.46)
	1210	Symonds William	"	"	21.12.45	M	F	A			
	"	" "	"	"	28. 1.46	M	F	A			
	951	Wilson Francis	"	"	10. 2.46	M	F	A	S		
	1020	Daly James	Drum/Mjr	"	22.12.45	M	F	A	S		
	1198	Barrow Charles	Drmr	W	"	M	F			(I.T.E.)
	1159	Best Richard	"	"	21.12.45	M	F		S		
	2258	Brown George	"	"	10. 2.46	M	F	A	S		
	1557	Frew John	"	"	28. 1.46	M	F	A			
	940	Adams James	Pte	W	10. 2.46	M	F	A	S	(Died 30.8.46)
	1758	Adams John	"	"	21.12.45	M	F	A	S	(Also W. 10.2.46)
	1423	Adams William	"	"	18.12.45	M				(I.T.E.)
	2500	Ahern David	"	"	28. 1.46			A			
	1637	Alley Paul	"	"	18.12.45	M					
	1482	Allen John	"	"	10. 2.46	M	F	A	S		
	1895	Ambury James	"	"	28. 1.46	M	F	A			
	2164	Andfews Yewel	"	"	"	M	F	A			
	2492	Archer George	"	"	10. 2.46			A	S		
	1741	Armatage Christopher	"	"	"	M	F	A	S		
	1849	Armatage William	"	"	18.12.45	M					
	2128	Arnott Robert	"	"	21.12.45	M	F				
	977	Atkinson John	"	"	"	M	F	A	S		
	1759	Atkinson William	"	"	22.12.45	M	F				
	2159	Austin George	"	"	10. 2.46	M	F	A	S		
*	876	Pollock Robert	Cpl	"	10. 2.46	M		A	S		
	2073	Baker Michael	Pte	"	18.12.45	M					
	2163	Barker Thomas	"	"	28. 1.46	M	F	A			
	2327	Barnett Joseph	"	"	"			A			
	1483	Bates Thomas	"	"	22.12.45	M	F			(Died 24.12.45)
	1515	Baxter John	"	"	21.12.45	M	F	A	S		
	"	" "	"	"	10. 2.46	M	F	A	S	(Died 1.3.46)
	1930	Bayley Henry	"	"	"	M	F		S	(Died 20.5.46)
	1235	Becking Thomas	"	"	22.12.45	M	F				
	1218	Beddes George	"	"	18.12.45	M				(Died 20.5.46)
	2245	Benland James	"	"	28. 1.46			A			
	2324	Berkley John	"	"	10. 2.46			A	S	(I.T.E.)
	488	Berry Joseph	"	"	18.12.45	M				(Died 5.8.46)
	2411	Bigley John	"	"	10. 2.46	M	F	A	S		
	1556	Bishop George	"	"	21.12.45	M	F				
	2195	Black John James	"	"	10. 2.46	M	F				
	2339	Blake Francis	"	"	"			A	S		
	1848	Boardman Alexander	"	D.O.W.	23. 1.46	M					
	1039	Boiston James	"	W	21.12.45	M	F	A	S		
	1860	Bond William	"	"	10. 2.46	M	F	A	S		
	2412	Booth William Henry	"	D.O.W.	16. 2.46	M	F	A	S		
	2170	Bowden George	"	"	25. 1.46	M	F				
	1918	Brennan Peter	"	"	24.12.45	M	F				
	2126	Bridge Joseph	"	W	28. 1.46	M	F	A			
	2090	Brindley Joseph	"	D.O.W.	15. 2.46	M	F				
	1900	Brookman John	"	W	18.12.45	M				(Died 20.5.46)
	2384	Brooks Jonas	"	"	"	M			S		
	"	" "	"	"	10. 2.46	M			S	(Died 18.5.46)
	890	Brown Dixon	"	"	"	M	F	A	S	(I.T.E.)
	1755	Brown George	"	"	18.12.45	M					
	2083	Burke John	"	"	10. 2.46	M	F	A	S	(Died 8.9.46)
	1154	Burke Michael	"	"	18.12.45	M					
	2357	Burke Thomas	"	"	10. 2.46			A	S		
	2226	Burns Edward	"	"	"	M	F	A	S		
	2385	Butterfield Israel	"	D.O.W.	27. 1.46	M	F				
	2452	Callaghan John	"	W	18.12.45	M					
	1584	Callaghan Patrick	"	"	10. 2.46	M	F	A	S	(Died 12.9.46)

2035	Callendar Ralph	Pte	W	18.12.45	M		A	S	
2009	Calloran Patrick	"	"	28. 1.46			A		
1980	Campion John	"	"	22.12.45	M	F	A	S	(Died 18.9.46)
1174	Canvan Denis	"	"	"	M	F			
2453	Carleton Edward	"	"	18.12.45	M	F	A	S	
1868	Carney Richard	"	"	21.12.45	M	F			
1807	Carr William	"	"	28. 1.46	M	F	A		
2352	Carter Henry	"	"	10. 2.46			A	S	
1817	Carty Henry	"	"	28. 1.46	M	F	A		
998	Carty Peter	"	"	18.12.45	M				
1107	Chapple Thomas	"	"	"	M				
1386	Cherry John	"	"	21.12.45	M	F		S	
1168	Clifford William	"	D.O.W.	13. 2.46	M	F			
838	Colgan John	"	"	1. 2.46	M	F	A		
2374	Collen James	"	W	10. 2.46			A	S	(Died 27.8.46)
1660	Collins Martin	"	"	28. 1.46			A		(Died 30.8.46)
1745	Cook Daniel	"	"	22.12.45	M	F	A	S	
2093	Cottom William	"	"	10. 2.46	M	F	A	S	
966	Cowan John	"	"	22.12.45	M	F			
1508	Cox John	"	"	10. 2.46	M	F	A	S	
2280	Crawford George	"	"	"	M	F	A	S	
1695	Cream Alfred	"	"	"	M	F	A	S	
2301	Creswell William	"	"	28. 1.46			A		
2108	Crook John	"	"	10. 2.46	M	F	A	S	(Died 20.5.46)
1531	Cuff Francis	"	"	18.12.45	M		A	S	(Died 20.5.46)
2312	Cummings Charles	"	"	21.12.45	M	F			(Invalided)
2234	Cunliffe John	"	"	"	M	F			(Invalided)
910	Curry John	"	"	18.12.45	M				
2139	Cuthberth William	"	"	10. 2.46.			A	S	
790	Dannaher John	"	"	21.12.45	M	F	A	S	(Died 20.5.46)
1417	David George	"	D.O.W.	19.12.45	M				
2217	Davis John	"	W	28. 1.46	M	F	A		
1752	Davis Oliver B	"	"	18.12.45	M			S	
"	" "	"	"	10. 2.46	M			S	(Died 20.5.46)
2220	Davison John	"	D.O.W.	1. 2.46	M	F	A		
1805	Denning Thomas	"	W	28. 1.46	M	F	A		
1778	Dennon John	"	"	21.12.45	M	F		S	
1770	Densley William	"	"	18.12.45	M				(Died 22.3.46)
1688	Dillon Charles	"	"	"	M	F	A	S	
628	Donaghue Philip	"	D.O.W.	21. 1.46	M				
1005	Donnelly John	"	W	10. 2.46	M	F		S	
821	Doolan Daniel	"	D.O.W.	12. 1.46	M				
2417	Dooley Michael	"	W	28. 1.46	M	F	A		
1691	Dovey George	"	"	10. 2.46			A	S	
1412	Dove Mark	"	"	"	M	F	A	S	
2420	Dowd John	"	"	"	M	F	A	S	
1613	Dowd Michael	"	D.O.W.	26.12.45	M	F			
2100	Doyle William	"	W	22.12.45	M	F	A	S	
"	" "	"	"	10. 2.46	M	F	A	S	
517	Dunlevey Michael	"	D.O.W.	30.12.45	M				
1827	Dunn Francis	"	W	22.12.45	M	F	A	S	(K.I.A. 10.2.46)
1310	Dyer Thomas	"	D.O.W.	21.12.45	M				
1479	Elliott Joseph	"	W	21.12.45	M	F			
2505	Evatt George	"	D.O.W.	28. 2.46			A	S	
1018	Falls Edward	"	W	10. 2.46			A	S	(Invalided)
2462	Fanning Peter	"	D.O.W.	16. 2.46			A	S	
1452	Farney George	"	"	10. 2.46	M				
2198	Farquhar James	"	W	18.12.45	M		A	S	
1632	Farrier Andrew	"	W	21.12.45	M	F			
791	Fearie John	"	"	18.12.45	M				
1782	Fearis John	"	"	21.12.45	M	F			
936	Feeney Brien	"	D.O.W.	12. 2.45			A	S	
2025	Fenwick Richard	"	W	21.12.45	M	F			
1223	Firth James	"	W	10. 2.46	M	F	A	S	
963	Fitzpatrick Daniel	"	"	21.12.45	M	F	A	S	(K.I.A. 10.2.46)
1916	Flower Farnham	"	"	18.12.45	M	F	A	S	

1933	Floyd Joseph	Pte	W	10. 2.46	M	F	A	S	(Invalided)
2421	Flynn Michael	"	"	"			A	S	(Died 20.5.46)
2148	Foreman William	"	"	"	M	F	A	S	
1276	Frostick James	"	"	18.12.45	M		A	S	
"	" "	"	"	10. 2.46	M		A	S	
1898	Gannon Joseph	"	"	"	M		A	S	
2376	George William (2366)	"	"	"			A	S	
1929	Gillman John	"	"	28. 1.46	M	F	A		
1375	Glandy John	"	"	21.12.45	M	F		S	
982	Gleeson Francis	"	"	10. 2.46			A	S	(Died 9.3.46)
2263	Golding John	"	"	21.12.46	M	F	A	S	
1819	Gollick John	"	"	10. 2.46	M	F	A	S	
1797	Gorman John	"	"	"	M	F	A	S	
1724	Goodwin John	"	D.O.W.	8. 1.46	M	F			
1812	Graves William	"	W	21.12.45	M	F			(Invalided)
886	Green Richardson	"	"	10. 2.46	M	F	A	S	(Died 20.5.46)
1196	Grimsdick William	"	"	"	M	F	A	S	
1514	Grimshaw Henry	"	"	21.12.45	M	F			
2084	Grout Benjamin	"	"	"	M	F	A		
"	" "	"	"	28. 1.46	M	F	A		
1964	Hahar Stephen	"	"	18.12.45	M				
1855	Halford Benjamin	"	"	"	M				(Died 27.3.46)
2048	Hall Anthony	"	"	"	M				(Died 25.3.46)
1564	Hall James	"	"	"	M				
2258	Hall John (2)	"	"	21.12.45	M	F		S	
1636	Hamill Arthur	"	"	22.12.45	M	F	A	S	
2264	Hancock George	"	D.O.W.	17. 2.46			A	S	
793	Handley Edward	"	W	18.12.45	M				(Invalided)
1252	Hart Henry	"	D.O.W.	30. 1.46	M				
1881	Hatcher Thomas	"	W	10. 2.46			A	S	(Died 30.5.46)
881	Hayes James	"	"	"	M	F	A	S	
1380	Hayes Henry	"	"	"			A	S	(Died 11.6.46)
2425	Hayes John	"	"	18.12.45	M				(Died 24.3.46)
2266	Ha-nigan John	"	"	10. 2.46	M	F	A	S	
2290	Hibbert William	"	"	28. 1.46			A		
720	Hindle John	"	"	10. 2.46	M	F	A	S	
1798	Hindle Edward	"	"	21.12.45	M	F		S	
"	" "	"	"	10. 2.46	M	F		S	
2108	Hinnie James	"	"	28. 1.46	M	F	A		
2477	Hitchman Thomas	"	"	10. 2.46			A	S	
2137	Holland John	"	"	18.12.45	M		A		(K.I.A. 28.1.46)
1662	Holling John	"	"	"	M				
2158	Holmes John	"	"	28. 1.46	M	F	A		
2143	Horsburgh John	"	"	10. 2.46	M	F	A	S	(Died 4.9.46)
1089	Howard Thomas	"	"	18.12.45	M				
2145	Holwell William	"	D.O.W.	15. 2.46	M	F	A	S	
2225	Ingold John	"	"	22. 3.46	M	F	A	S	
547	Jack David	"	W	10. 2.46	M	F	A	S	(Invalided)
1429	James John	"	D.O.W.	27. 1.46	M				
669	Jeffrey Joseph	"	"	12. 2.46	M	F	A	S	
965	Jennings Edward (1)	"	W	18.12.45	M				
1185	Jennings Edward (2)	"	"	"	M	F	A	S	
"	" "	"	"	10. 2.46	M	F	A	S	
1455	Johns John	"	"	28. 1.46	M	F	A		
1943	Johnson James (2)	"	"	10. 2.46	M	F	A	S	
2427	Jones Thomas	"	"	18.12.45	M				
1447	Keenan Peter	"	"	22.12.45	M	F		S	
1456	Kelly Daniel	"	"	10. 2.46			A	S	(Died 6.4.46)
1011	Kelly James	"	"	18.12.45	M				(Died 18.5.46)
2428	Kelly John	"	"	"	M				(Died 8.2.46)
1790	Kelly Samuel	"	"	28. 1.46	M	F	A		
2005	Kelly William	"	"	18.12.45	M				(Died 20.5.46)
2308	Kemp Henry	"	"	10. 2.46			A	S	
1467	Kench or Kinch George	"	"	18.12.45	M				(Invalided)
1505	Kendrick John	"	"	10. 2.46	M	F		S	(Died 20.5.46)
962	Kerr William	"	"	28. 1.46	M	F	A		
903	Keys James	"	D.O.W.	21. 1.46	M	F			

1575	Killigate John	Pte	W	28. 1.46			A		
2085	King William	"	"	"	M	F	A		
2163	Lake Charles	"	"	18.12.45	M		A		
"	"	"	"	28. 1.46	M		A		
2184	Laking Reuben	"	"	18.12.45	M	F	A	S	
2300	Lamb William	"	"	28. 1.46	M	F	A	S	
1530	Land James	"	"	22.12.45	M		A	S	
2272	Lanigan Stephen	"	"	18.12.45			A	S	
1734	Langston Robert A	"	"	10. 2.46			A	S	
2270	Latham George	"	"	"			A	S	
1427	Lavery Peter	"	"	28. 1.46	M	F	A		
1685	Leary Daniel	"	"	10. 2.46	M	F	A	S	
2385	Leary James	"	"	"			A	S	(Died 29.4.46)
1334	Ledget William	"	"	"			A	S	
1642	Lee Robert Brook	"	"	21.12.45	M	F			
1033	Leeke John	"	"	22.12.45	M	F			(Invalided)
1655	Lees George	"	"	21.12.45	M	F	A	S	
1295	Lindsay Benjamin	"	"	22.12.45	M	F			
1114	Lippard Philip	"	"	"	M	F			(Invalided)
1311	Lodge Henry	"	"	10. 2.46	M	F	A	S	
1959	Lombard Michael	"	"	21.12.45	M	F			
1909	Long Alfred	"	"	10. 2.46	M	F	A	S	
1490	Long Charles	"	"	28. 1.46	M	F	A		
2275	Long John	"	"	"			A		
1224	Lucas Benjamin	"	D.O.W.	11. 2.46	M	F	A	S	
2160	Lusher James	"	W	10. 2.46			A	S	
2023	Lynch Cornelius	"	"	28. 1.46	M	F	A		
803	McCabe John	"	"	10. 2.46			A	S	
2359	McCaig Daniel	"	"	28. 1.46			A		(Invalided)
2430	McCarthy John	"	"	21.12.45	M	F			
2204	McClure Robert	"	"	"	M	F			
367	McCool James	"	"	"	M	F	A	S	(Died 27.3.46)
1441	McDonald William	"	"	18.12.45	M		A	S	
2048	McEwen John	"	"	"	M				(Died 7.9.46)
852	McGahy James	"	"	10. 2.46	M	F	A	S	
396	McGlinn Hugh	"	"	18.12.45	M		A	S	(Died 20.5.46)
2396	McGregor Alexander	"	"	21.12.45	M	F	A	S	
1646	McHugh James	"	"	10. 2.46	M	F	A	S	
1246	McIlwain James	"	"	18.12.45	M		A	S	
"	"	"	"	10. 2.46	M		A	S	(Invalided)
1888	McKean Thomas	"	D.O.W.	10. 1.46	M				
2129	McKlonnan John	"	W	10. 2.46	M	F	A	S	
2437	McKnight William	"	D.O.W.	11. 1.46	M	F			
1594	McSherry Edward	"	W	21.12.45	M	F		S	
1672	Mahaffy Andrew	"	"	10. 2.46	M	F	A	S	
1597	Marshall James	"	"	"	M	F	A	S	
2050	Maughan George	"	"	21.12.45	M	F			
1872	Maynard Richard	"	"	10. 2.46	M	F	A	S	
802	Meany John	"	"	"	M	F	A	S	
2202	Miller James	"	"	21.12.45	M	F			
2289	Mills Daniel	"	"	18.12.45	M		A	S	
2432	Molloy John	"	"	"	M				
1941	Mooney James (2)	"	"	"	M			S	
2431	Moran John	"	"	21.12.45	M	F			(Died 4.2.46)
1845	Morgan William	"	"	28. 1.46	M	F	A		
556	Morris Charles	"	"	10. 2.46			A	S	
2435	Morrison John	"	"	21.12.45	M	F			
1570	Morrissy Joseph	"	"	22.12.45	M	F		S	
1212	Mortimer Joseph	"	"	10. 2.46	M	F	A	S	
2294	Muir Hugh	"	"	18.12.45	M			S	
1582	Mullins William	"	"	21.12.45	M	F			(Died 2.2.46)
2166	Munroe Daniel	"	"	18.12.45	M			S	
"	"	"	"	10. 2.46	M			S	
1748	Murphy Edward	"	"	"	M	F	A	S	
2434	Murphy Jeremiah	"	"	"	M	F	A	S	
636	Murphy John	"	"	"			A	S	
1950	Murray Edward	"	"	21.12.45	M	F			(Invalided)
2238	Newcome James	"	"	10. 2.46	M	F	A	S	

No.	Name	Rank		Date					Notes
1113	Nicholls John	Pte	W	21.12.45	M	F			
1334	Nicholls William	"	"	18.12.45	M	F	A	S	
1779	Nicholson William	"	"	"	M				
1347	North Thomas	"	"	10. 2.46	M	F	A	S	(Died 14.3.46)
1973	O'Brien Michael	"	"	21.12.45	M	F	A		(Died 20.5.46)
1552	O'Hara Arthur	"	"	"	M	F			
783	O'Leary John	"	"	10. 2.46	M	F	A	S	(Invalided)
1875	O'Neil James	"	"	"			A	S	
2016	Ormond John	"	"	28. 1.46	M	F	A		
2231	Parker Robert	"	"	21.12.45	M	F			
2239	Parsons John	"	"	28. 1.46	M	F	A		
2353	erritt Martin	"	"	10. 2.46			A	S	
1285	Petty Frederick	"	"	"	M	F	A	S	
1208	Pike Thomas	"	D.O.W.	4. 1.46	M	F			
1437	Pluck William	"	W	21.12.45	M	F	A	S	
1517	Pollett Thomas	"	"	22.12.45	M	F			
1476	Pool John	"	"	28. 1.46			A		
1595	Pratt Michael	"	"	10. 2.46	M	F	A	S	
2063	Pratt Thomas	"	"	"	M	F	A	S	
1265	Pritchard William	"	"	"	M	F	A	S	
809	Prosser Peter	"	"	"	M	F	A	S	
1850	Quigley James(2)	"	"	"	M	F	A	S	(Died 16.5.46)
1714	Quinn John(I)	"	"	"	M	F	A	S	
2229	Quinn John(2)	"	"	"	M	F	A	S	
357	Ramsey George	"	"	18.12.45	M			S	
"	" "	"	"	10. 2.46	M			S	
2000	Ramsbottom John	"	D.O.W.	20.12.45	M				
346	Rankin John	"	W	22.12.45	M	F	A		(Died 20.5.46)
2114	Readshaw Richard	"	"	18.12.45	M				
2274	Reed David	"	"	21.12.45	M	F		S	
1999	Rees John	"	"	10. 2.46	M	F	A	S	(Died 11.5.46)
1713	Richardson John	"	D.O.W.	4. 1.46	M	F			
2175	Riches Thomas	"	W	21.12.45	M	F			
1516	Riddlestoff Edward	"	D.O.W.	17. 1.46	M	F			
2401	Rielly Thomas	"	"	1. 1.46	M	F			
401	Ritchie Thomas	"	W	21.12.45	M	F			
2052	Rixham Thomas	"	"	22.12.45	M	F			
2216	Roach Edward	"	"	10. 2.46	M	F	A	S	
1800	Roberts George	"	D.O.W.	28.12.45	M				
1358	Roberts Richard	"	W	28. 1.46	M	F	A		
1654	Robins William	"	"	"			A		
2196	Robinson David	"	"	18.12.45	M				
1634	Robinson William	"	"	21.12.45	M	F			
2070	Rogers Richard	"	"	10. 2.46	M	F	A	S	
1882	Roll Charles	"	"	"	M	F	A	S	
1645	Rudge Charles	"	"	21.12.45	M	F		S	
1440	Ruff Thomas	"	"	18.12.45	M				(Invalided)
1121	Russell Richard	"	"	22.12.45	M	F			(Invalided)
987	Sharkey William	"	"	10. 2.46	M	F	A	S	
2447	Shelleto Philip H H	"	"	"	M	F	A	S	
1573	Shelley Patrick	"	"	"	M	F	A	S	
2484	Short Philip	"	"	"			A	S	
1545	Simpson Isaac	"	"	18.12.45	M				
766	Sinnett Denis	"	"	10. 2.46	M	F	A	S	
1245	Skeats John	"	D.O.W.	1. 1.46	M				
2219	Slack James	"	W	22.12.45	M	F			
1262	Slade William	"	"	18.12.45	M				
1195	Smith Charles	"	"	10. 2.46	M	F	A	S	
2188	Smith George	"	D.O.W.	9. 2.46	M	F	A		
1828	Smith James(I)	"	W	18.12.45	M	F			
2332	Smith James(2)	"	"	10. 2.46			A	S	
2444	Smith James(3)	"	"	"	M	F	A	S	
2172	Smith William(2)	"	"	18.12.45	M			S	
"	" "	"	"	10. 2.46	M			S	
1396	Smith William Charles	"	"	28. 1.46			A		
1975	Somersgill John	"	"	21.12.45	M	F	A	S	
1104	Stanley John	"	"	18.12.45	M		A	S	
1407	Steele William	"	"	22.12.45	M	F			
1242	Stevens John	"	"	"	M	F			(Died 16.3.46)

1596	Stokes John	Pte	W	18.12.45	M				
640	Streets Edward	"	"	"	M				
1977	Stuart Alexander	"	"	28.11.46	M	F	A		
1603	Sullivan Denis (2)	"	"	"	M	F	A		
2071	Sullivan Michael	"	"	18.12.45	M				(Died 28.7.46)
1951	Sutcliffe Richard	"	"	21.12.45	M	F	A	S	
2490	Sweeney Cornelius	"	"	10. 2.46			A	S	
1666	Taylor William (1)	"	"	18.12.45	M	F			
2292	Thorne William	"	"	21.12.45	M	F			
1269	Thumwood James	"	"	18.12.45	M	F	A	S	
"	" "	"	"	10. 2.46	M	F	A	S	
2236	Tierner John	"	"	"			A	S	
782	Towhey James	"	"	21.12.45	M	F	A	S	(Died 20.5.45)
1522	Travers John	"	D.O.W.	16. 2.46	M	F			
2227	Turner George	"	"	21.12.45	M	F	A	S	
1547	Turner Thomas	"	"	10. 2.46			A	S	(Died 30.8.46)
1090	Tustin William Henry	"	"	28. 1.46	M	F	A		
414	Urquhart James	"	"	18.12.45	M	F	A	S	
2208	Vann Henry	"	"	10. 2.46	M	F	A	S	
2150	Wait John	"	"	"	M	F	A	S	
1379	Walker William	"	"	18.12.45	M				(Died 20.12.45)
1640	Walsh William	"	"	"	M				
1679	Watkins Richard	"	"	10. 2.46	M	F	A	S	(Died 20.5.46)
1811	Weaving John	"	"	22.12.45	M	F			
1737	Wesley George	"	"	10. 2.46	M	F	A	S	
775	Wheelan John	"	D.O.W.	16. 2.46	M	F	A	S	
2107	Wheeler Thomas	"	W	10. 2.46			A	S	
1576	White James	"	"	"	M	F	A	S	
2407	Whittaker John	"	"	"	M	F	A	S	
1752	Williamson John	"	"	18.12.45	M				
1561	Wilson James	"	"	10. 2.46	M	F	A	S	
1710	Wilson William (I)	"	"	"	M	F	A	S	
1947	Wood James	"	"	28. 1.46	M	F	A		
1203	Woodman Henry	"	"	18.12.45	M			S	
"	" "	"	"	10. 2.46	M			S	
2363	Wooley Richard	"	"	"			A	S	(Died 13.9.46)
1506	Wort James	"	"	"	M	F	A	S	
2021	Wright William	"	"	18.12.45	M			S	(K.I.A. 10.2.46)
1862	Wrigley Henry	"	"	10. 2.46	M	F	A	S	
1449	Ferris J.	Sgt.	Died	20. 5.46	M	F	A	S	
1015	Patcell Hugh	Cpl	Died	28. 3.46	M	F	A	S	
1991	Armstrong William	Drmr	"	20. 5.46	M	F	A	S	
677	Ross W M	"	"	"	M	F	A	S	
2027	Allsop Robert	Pte	"	19. 3.46	M	F	A		
2029	Buchanan Joseph	"	"	30. 7.46	M	F			
495	Bushton Edward	"	"	19. 8.46	M	F	A	S	
1965	Cady John	"	"	20. 5.46	M	F	A	S	
2504	Cahill David	"	"	18. 8.46			A	S	
2036	Cahill Michael	"	"	20. 7.46			A	S	
2206	Caiger George	"	"	20. 5.46			A	S	
2199	Clayton J	"	"	"	M	F			
2314	Cunstable John Chas.	"	"	19. 8.46			A	S	
2316	Death William	"	"	25. 2.46	M	F			
1056	Deekes Charles	"	"	7. 8.46	M	F	A	S	
1653	Dunn Richard	"	"	17. 2.46	M	F	A	S	
2487	Eaton Henry	"	"	3. 9.46			A	S	
4501	Farmer John	"	"	20. 5.46	M				
994	Feeney Peter	"	"	20. 5.46	M	F	A	S	
1670	Finnigan Henry	"	"	12. 3.46	M	F	A	S	
2215	Ford James F	"	"	22. 6.46	M	F	A	S	
1635	Frobisher Benjamin	"	"	22. 5.46	M	F	A	S	
2153	Garrett William (2)	"	"	30. 1.46	M	F	A		
1233	Gibbons John	"	"	31. 5.46	M	F	A	S	
2491	Gordon William	"	"	28. 7.46			A	S	
1182	Grow James	"	"	4. 3.46	M	F	A	S	
2228	Habkins Charles	"	"	26. 2.46	M	F	A	S	
2322	Hill John	"	"	26. 7.46			A	S	
1706	Judd Edward	"	"	20. 5.46	M	F	A	S	
1604	Kelly Thomas	"	"	"	M	F	A	S	

768	McCabe John	Pte	Died	2. 9.46	M	F	A	S	
915	McClone James	"	"	20. 5.46			A	S	
2362	Mitchell Archibald	"	"	"			A		
1483	Morris John	"	"	"	M	F	A	S	
1528	Pike Edward	"	"	25. 1.46	M	F			
1318	Rixon Edward	"	"	20. 5.46	M	F	A	S	
774	Shea William	"	"	4. 3.46			A		
1339	Stanlick Samuel	"	"	20. 5.46	M	F	A	S	
2132	Sleigh Wm	"	"	"			A	S	
801	Steele Samuel	"	"	2. 4.46	M	F	A	S	
2077	Sullivan William	"	"	20. 5.46	M	F	A	S	
1905	Taylor Samuel	"	"	"	M	F	A	S	
2197	Thompson Alexander	"	"	"			A	S	
1565	Thorpe William	"	"	17. 2.46	M	F			
711	Todd Thomas	"	"	8. 6.46	M	F	A	S	
2134	Vellavoise James	"	"	20. 5.46	M	F	A	S	
1527	Wall George	"	"	"	M	F	A	S	
2408	Williams James	"	"	"	M	F	A	S	

53rd FOOT

	Warren Charles E D	Capt	K.I.A.	10. 2.46	A	S	
2225	Clancy William	Cpl	"	"	A	S	
2042	Kane James	"	"	"	A	S	
2027	Adams Charles	Pte	"	"	A	S	
1442	Badcock John	"	"	"		S	
2059	Green Francis	"	"	"	A	S	
2203	McGuire Peter	"	"	28. 1.46	A		
2174	Ramsden Thomas	"	"	"	A		
1925	Spacey Stephen	"	"	"	A		
1590	Wilson George H	"	"	10. 2.46	A	S	
	Gold W G	Lt/Col	W	"	A	S	
	Smart Thomas	Capt	D.O.W.	"	A	S	
	Breton John	Lieut	W	"	A	S	
	Chester John	"	"	"	A	S	
	Clarke R N	"	D.O.W.	"	A	S	
	Lucas H	"	W	"	A	S	
	Stokes A B O	"	"	"	A	S	
	Dunning William	Lt.&Adj	D.O.W.	"	A	S	(Or Duminioz)
762	Henderson Thomas	Col/Sgt	"	"	A	S	
1730	Astley Charles	Cpl	"	28. 1.46	A		
1860	Bayliss George	"	W	10. 2.46	A	S	
1982	Brown David	"	"	"	A	S	
1692	Dawson John	"	"	"	A	S	
1125	Day William	"	"	"	A	S	
1845	Hepworth George	"	"	"	A	S	
2015	Paton William	"	D.O.W.	"	A	S	
1433	Smith Henry	"	"	"	A	S	
1573	Adamson George	Pte	W	28. 1.46	A		(I.T.E.)
1607	Aitken Alexander	"	"	10. 2.46	A	S	
2089	Allison Henry	"	"	"	A	S	(I.T.E.)
2189	Ansborough Stephen	"	"	"	A	S	
1831	Armstrong H	"	"	"	A	S	
1650	Baker William	"	"	"	A	S	
573	Banning Henry	"	"	"	A	S	(I.T.E.)
1775	Beard William	"	D.O.W.	28. 1.46	A		
1141	Birkhead John	"	W	10. 2.46	A	S	(I.T.E.)
2092	Brannaghan James	"	"	"	A	S	
1898	Bresset Nathaniel	"	"	"	A	S	
2244	Burgess Charles	"	"	"	A	S	
1488	Compton James	"	"	"	A	S	
1903	Cridge William	"	"	"	A	S	(I.T.E.)
2071	Crounine James	"	"	"	A	S	
1230	Cummings John	"	"	"	A	S	
1213	Davies George	"	"	"	A	S	
1115	Dignan Robert	"	"	"	A	S	
693	Donohoe James	"	"	"		S	
1682	Edmonds John	"	"	"	A	S	(I.T.E.)

1839	Emerton Charles	Pte	W	10. 2.46	A	S	
1469	Enticott James	"	"	"		S	
2309	Falone Samuel	"	"	"	A	S	
1844	Fawcett Robert	"	"	"	A	S	
1816	Fitzpatrick Patrick	"	"	"	A	S	
1713	Fritwell Henry	"	"	"	A	S	
1166	Gardner Charles	"	"	"	A	S	(Died 17.8.46)
1554	Garvey Alexander	"	"	"	A	S	
1976	Gibbons Josiah	"	"	"	A	S	
2079	Gibson Charles	"	"	"	A	S	
1308	Gillett Richard	"	D.O.W.	"		S	
2140	Hally Charles	"	W	"	A	S	
2039	Hannon Patrick	"	"	"	A	S	
1253	Hartley James	"	"	"	A	S	
1352	Hayward William	"	"	28. 1.46	A		
922	Heyton James	"	"	10. 2.46	A	S	
2248	Horne Samuel	"	"	"	A	S	
2335	Horscroft John	"	"	"	A	S	
2199	Howard Cas	"	"	"	A	S	
2200	Howard John	"	"	"		S	
1335	Hudson Josiah	"	"	"	A		
879	Jaundrell Richard	"	D.O.W.	"	A	S	
1731	Johnson Samuel	"	W	"	A	S	
932	Jones Thomas	"	"	"	A	S	
1708	Jopson Thomas	"	"	"	A	S	
2223	Kelly Thomas	"	"	"	A	S	
105	King William	"	"	"	A	S	
2293	Lake James	"	"	"	A	S	
918	Lawrence Edward	"	"	28. 1.46	A		
1388	Lawton James	"	"	10. 2.46	A	S	
796	Lewesby James or Leivesby"	"	"	"	A	S	(I.T.E.)
1552	Lindsay Robert	"	"	"	A	S	
1278	McCombe James	"	"	"	A	S	
1948	McGee Bernard	"	"	"	A	S	
1663	McLocklin John	"	"	"	A	S	
2221	Marshfield James	"	"	"	A	S	
2043	Matthews Thomas	"	"	"	A	S	
2176	Meehan Josiah	"	"	"	A	S	
2130	Mickamson William	"	"	"	A	S	
1540	Monk George	"	"	"	?	S	
383	Morgan James	"	"	"	A	S	
2175	Moss John	"	"	"	A	S	(Died 13.8.46)
2012	Mulrenny Thomas	"	"	"	A	S	
948	Pearce Josiah	"	"	"	A	S	
1635	Pemberton Thomas	"	"	"	A	S	
1694	Poole Charles	"	"	"	A	S	
2272	Power Patrick	"	"	28. 1.46	A		(I.T.E.)
1885	Proctor Mathew	"	"	10. 2.46	A	S	
807	Rawlinson Benjamin	"	"	"	A	S	
1764	Reid Joshua	"	"	"	A	S	
2297	Reilly Francis	"	"	"	A	S	
1466	Robeshaw James	"	D.O.W.	"	A	S	
2134	Rodden Francis	"	W	"	A	S	
1346	Rowlands William	"	D.O.W.	"	A	S	
1509	Russell Robert	"	W	"	A		
1922	Russell Francis	"	D.O.W.	"		S	
2050	Saunders John	"	W	"	A	S	
1704	Sharrock Matthew	"	"	"	A	S	(I.T.E.)
2135	Shaugnessy Patrick	"	"	21. 1.46	A	S	
"	" "	"	"	10. 2.46	A	S	
1667	Sheridan John	"	"	"	A	S	
1323	Sides Lewis	"	"	"	A	S	
595	Sims George	"	"	"	A	S	
2274	Slade Charles	"	D.O.W.	"	A	S	
1797	Sloane Lawrence	"	W	"	A	S	
1890	Smith Robert	"	"	"	A	S	
1179	Sprackling Eli	"	"	"	A	S	(I.T.E.)
1562	Speake Joseph	"	D.O.W.	"	A	S	
2214	Sullivan David	"	W	"	A	S	
2301	Taylor William	"	"	"	A	S	
1659	Thomas John	"	"	"	A	S	

2085	Thompson James	Pte	D.O.W.	10. 2.46	A	S	
2319	Tunicliff Edward	"	"	"	A	S	
1735	Turnbull James	"	W	"	A	S	
2023	Walsh Francis	"	"	"	A	S	
1634	Wheatly Thomas	"	"	"	A	S	
1703	Wicks Moses	"	"	"	A	S	
1746	Williams Thomas	"	"	"	A	S	
1781	Windows William	"	"	"	A	S	
1857	Worker Robert	"	"	"	A	S	
	Gray H W J	Lieut	Died	5. 7.46	A	S	
939	Warren James	Col/Sgt	"	1. 8.46	A	S	
1845	Heathcock George	Cpl	"	17. 8.46	A	S	
1664	McCarey Edward	"	"	31. 7.46	A	S	
1132	Falls Adam	Drmr	"	1. 8.46	A	S	
882	Abraham Thomas	Pte	"	30. 7.46	A	S	
2249	Arnold Philip	"	"	3. 7.46	A	S	
1810	Carter Henry	"	"	24. 2.46		S	
1393	Chambers William	"	"	3. 7.46	A	S	
2192	Clarke James	"	"	30. 7.46		S	
2173	Connelly Peter	"	"	11.-3.46	A	S	
1838	Deybell Josiah	"	"	23. 3.46	A	S	
2230	Dunbar Thomas	"	"	14. 3.46	A	S	
580	Garner George	"	"	8. 7.46	A	S	
2316	Gerrard Josiah	"	"	18. 6.46	A	S	
1111	Glennon John	"	"	3. 6.46	A	S	
1565	Hazlett Henry or Haztell	"	"	15. 8.46	A	S	
1560	Hopwood John	"	"	4. 7.46	A	S	
2201	Kelly John	"	"	10. 3.46	A	S	
1603	Knight John	"	"	8. 3.46	A	S	
1817	McClintock John	"	"	21. 4.46	A	S	
1798	McGurk Patrick	"	"	11. 5.46	A	S	
2232	McQuillan James	"	I.T.E.		A	S	
1180	Murphy Michael	"	Died	11. 5.46	A	S	
1835	Ross Edward	"	"	5. 4.46	A	S	
1501	Smith John	"	"	"	A	S	
1927	Summers George	"	"	12. 5.46		S	
1522	Treguno Henry	"	"	11. 5.46		S	
1671	Tracy Benjamin	"	Taken prisoner at Buddewall		A		Rejoined at Hussoor
1892	Warring George	"	I.T.E.		A		
2169	Wetherald Charles	"	Died	19. 6.46	A	S	

62nd FOOT

	Clarke George H	Capt	K.I.A.	21.12.45	F	
	Wells Henry	"	"	"	F	
	Bartley Walter J	Lieut	"	10. 2.46	F	S
	Gubbins Robert	"	"	21.12.45	F	
	Kelly Michael	"	"	"	F	
	McNair William	"	"	"	F	
	Scott Thomas K	"	"	"	F	
	Sims George	Lt.& Adj.	"	"	F	
1045	Dougherty David	Col/Sgt	"	"	F	
997	Slim John	"	"	"	F	
1406	Cahill John	Sgt	"	"	F	
1051	Fox Samuel	"	"	"	F	
589	Gordon James	"	"	"	F	
649	Hicks John	"	"	"	F	
964	Holder Thomas	"	"	"	F	
1181	Cobb Jeremiah	Cpl	"	"	F	
1767	Cole Jonathan	"	"	"	F	
718	Fawcett James	"	"	"	F	
642	Maxwell John	"	"	10. 2.46	F	S
1486	Phipps Daniel	"	"	21.12.45	F	
1415	Swift John(or 2194)	"	"	"	F	

1427	Millis Thomas	Drmr	K.I.A.	21.12.45	F	
2058	Amor George	Pte	"	10. 2.46	F	S
954	Barrett James	"	"	21.12.45	F	
1308	Bass William	"	"	"	F	
2034	Biles Charles	"	"	"	F	
1429	Bradley Richard	"	"	"	F	
1854	Brennan Peter	"	"	"	F	
1829	Brereton James	"	"	"	F	
1501	Buckley Thomas	"	"	"	F	
1107	Bush Alexander	"	"	"	F	
1375	Byrne Michael	"	"	"	F	
1582	Causby William	"	"	"	F	
2254	Christian Thomas	"	"	"	F	
931	Coltman Henry	"	"	"	F	
1448	Connelly John	"	"	"	F	
1232	Connor Daniel	"	"	"	F	
826	Corcoran Nicholas	"	"	"	F	
1706	Corcoran Patrick	"	"	"	F	
1873	Cotterill James	"	"	"	F	
2304	Crosby Alexander	"	"	"	F	
2349	Cunnington Josiah	"	"	"	F	
1902	Cyples Edward	"	"	"	F	
1955	Dackus John	"	"	"	F	
2307	Davey John	"	"	"	F	
2306	Delaney Patrick	"	"	"	F	
861	Devitt Christian	"	"	"	F	
1493	Devlin John	"	"	"	F	
1416	Dodd James	"	"	"	F	
1467	Donnelly John	"	"	"	F	
493	Eagles William	"	"	"	F	
306	Egan Edward	"	"	"	F	
2110	Essecks Samuel	"	"	"	F	
2455	Farmer Peter	"	"	10. 2.46	A	S
919	Freeman William	"	"	21.12.45	F	
1447	Gibson James	"	"	"	F	
2087	Graham Alexander	"	"	"	F	
1644	Herbott Henry	"	"	"	F	
2217	Hobin Edward	"	"	"	F	
1324	Hogg Henry	"	"	"	F	
1403	Jackson John M	"	"	"	F	
1637	Keally Patrick	"	"	"	F	
1898	Kelly James	"	"	"	F	
2056	Kelly John	"	"	"	F	
2145	Kelly David	"	"	"	F	
408	Kelly Thomas	"	"	"	F	
773	Lawn Edward	"	"	"	F	
588	Little Charles	"	"	"	F	
666	Lochead Samuel	"	"	"	F	
834	Love Richard or Lowe	"	"	"	F	
2106	McAlister John	"	"	"	F	
2316	McAlister Michael	"	"	"	F	
1965	Morris Jesse	"	"	"	F	
1224	O'Brien Michael	"	"	"	F	
2406	Parker John	"	"	"	F	
2025	Partridge William M	"	"	"	F	
1641	Polmer Richard or Palmer	"	"	"	F	
1200	Powell George	"	"	"	F	
1759	Pye James	"	"	"	F	
1574	Rielly Edward	"	"	"	F	
2051	Rumbell John	"	"	"	F	
1094	Shanley John	"	"	"	F	
1142	Smyth Michael (or 2196)	"	"	"	F	
1582	Stapleton William N (or 2005)	"	"	"	F	
2094	Stewart James	"	"	"	F	
1760	Taylor William	"	"	"	F	
1667	Thorn George	"	"	"	F	
1893	Thorn George	"	"	22.12.45	F	
1839	Tomlinson James	"	"	21.12.45	F	
1616	Turner Benjamin	"	"	"	F	

1369	Twigg Joseph	Pte	K.I.A.	21.12.45	F		
836	Wall Henry	"	"	"	F		
1967	Ward Robert	"	"	"	F		
1845	Webster John	"	"	"	F		
994	White William	"	"	"	F		
1718	Wilkins James	"	"	"	F		
1091	Willow John	"	"	"	F		
1457	Witt John	"	"	"	F		
2183	Young George	"	"	"	F		
	Reed Thomas	Lt/Col	W	"	F		
	Shortt William T	Major	"	"	F	S	
	Darroch Donald G A	Capt	"	"	F		
	Graves Samuel W	"	"	"	F		
	Sibley Charles W	"	"	"	F		
	Craig Aylmer S	Lieut	"	"	F		(I.T.E.)
	Gregorson Murdoch J	"	"	"	F		
	Haviland Robert H	"	"	10. 2.46	F	S	
	Ingall William L	"	"	21.12.45	F	S	
	Hewitt John M M(as Lt)	Ensign	"	"	F	S	
	Roberts Charles (as Lt)	"	"	"	F		
2150	Hastell Grafton	Armourer	"	"	F		
"	" " (or Hartell)	"	"	10. 2.46	F	S?	(S not shown)
1987	Dring William	Ord.Rm.Clerk	W	21.12.45	F		
1237	Burke Bernard	Sgt	W	"	F		
1684	Cobb John	"	"	10. 2.46	F	S	
1332	Gamble James (or 2016)	"	"	21.12.45	F	S	
444	Horan James	"	"	"	F		
929	Humphries William	"	"	"	F		
1556	Brown Thomas (or 1999)	Cpl	"	"	F	S	
1859	Dillon Michael	"	"	"	F	S	
1584	Doyle Richard	"	"	"	F		
1065	Frederick James	"	"	"	F		
1292	Hollingworth William	"	"	"	F		
1491	Isaacs Charles	"	"	"	F		
1592	Martin William	"	"	"	F	S	
642	Maxwell John	"	"	"	F	S	
1944	Nash William	"	"	"	F	S	
1463	O'Neil Patrick	"	"	"	F		
2021	Runyard Thomas	"	D.O.W.	3. 1.46	F		
1938	Squires James	"	W	21.12.45	F		
1365	Sterne Richard	"	"	10. 2.46	F	S	
1348	Sullivan Denis	"(As Sgt)	W	"	F	S	(Died 16.7.46)
1499	Ward George	"	W	21.12.45	F		
1916	Whitelock Thomas	"	"	"	F		
925	Wright George	"	"	"	F		
1658	Bayarse Benjamin	Drmr	"	"	F		
1558	Blunden Jesse	"	"	"	F	S	
742	Connell Michael	"	"	"	F	S	
1035	King Joseph	"	D.O.W.	19. 1.46	F		
633	McManus Francis	"	W	21.12.45	F	S	
1660	Payne William	"	"	"	F	S	
1791	Adams Daniel	Pte	"	"	F		
2154	Alldridge William	"	D.O.W.	6. 3.46	F		
930	Askew John	"	"	11. 2.46	F	S	
1952	Batson Edward	"	"	1. 1.46	F		
2120	Beaumont Charles	"	W	21.12.45	F		
1871	Bishop James	"	"	"	F	S	
1625	Blanchard George (2009)	"	"	"	F		
1527	Bollan William	"	"	"	F		
656	Bradey Daniel	"	"	10. 2.46	F	S	
1405	Brien John	"	"	21.12.45	F		
1549	Britt Thomas	"	D.O.W.	11. 2.46	F	S	
1620	Bryant John	"	W	21.12.45	F	S	
2337	Buchanan Robert	"	"	10. 2.46	F	S	
2199	Burden John	"	"	"	F	S	
1152	Bussey Jeremiah	"	"	21.12.45	F		
2361	Byrne Peter	"	"	"	F	S	
1462	Byrne William	"	"	"	F		
2216	Campbell John	"	"	10. 2.46	F	S	

No.	Name	Rank		Date			
445	Campbell William C	Pte	W	21.12.45	F		
1653	Carey James	"	"	"	F	S	
888	Carlton Everett	"	"	"	F		
1610	Cautlon Thomas	"	"	"	F		
1579	Champ Charles	"	"	"	F	S	
1046	Cheshire John	"	"	"	F		
1922	Chetwin Herbert	"	"	"	F		
1144	Cockin Thomas	"	"	"	F		
1913	Coleman Thomas	"	"	10. 2.46	F	S	
2148	Collester John	"	"	"	F	S	
2346	Compton John	"	"	21.12.45	F		
2206	Conran John	"	"	"	F		
1061	Coonan Patrick	"	"	10. 2.46	F	S	
2255	Cowdle Thomas	"	"	21.12.45	F	S	
2415	Craston William	"	D.O.W.	7. 1.46	F		
1415	Cullen Martin	"	W	21.12.45	F		
1903	Daniels Henry	"	D.O.W.	6. 3.46	F		
1069	Dee Thomas	"	"	9. 1.46	F		
1613	Deth Thomas	"	W	21.12.45	F	S	
1814	Dilmore John	"	D.O.W.	26.12.45	F		
1629	Dix Henry (or 2010)	"	W	21.12.45	F		
777	Donnelly Lawrence	"	"	"	F		
2070	Doswall Charles	"	"	"	F	S	
1652	Dowde Michael	"	D.O.W.	8. 2.46	F		
1362	Doyle Thomas (or 2427)	"	W	21.12.45	F	S	
2226	Dunn Charles	"	"	"	F		(I.T.E.)
876	Dunnelow Thomas	"	"	"	F	S	
"	"	"	"	10. 2.46	F	S	
1028	Eastough George	"	"	21.12.45	F		
1896	Edge William (or 2447)	"	D.O.W.	13. 3.46	A		(as Cpl)
1777	Eldridge Samuel	"	W	21.12.45	F		(I.T.E.)
1895	Elliott James	"	"	"	F		
1580	Elsley James	"	"	"	F	S	(Died 26.1.46)
1505	Everitt Frederick	"	"	"	F		
2328	Evil James	"	"	"	F	S	
1000	Faircloth William	"	"	10. 2.46	F	S	
1511	Finn Edward	"	"	21.12.45	F		
1391	Fitzgerald John	"	"	"	F	S	
1430	Fitzsimmons Patrick	"	"	"	F		(I.T.E.)
2018	Fleet John	"	D.O.W.	27.12.45	F		
1492	Fry William	"	W	21.12.45	F		
1149	Fulford Thomas	"	"	"	F	S	
2371	Gale Henry	"	"	"	F	S	
1488	Garnett George	"	"	"	F	S	
2357	Geldard James	"	"	"	F	S	
1665	George Samuel	"	"	"	F		
2102	Gillan Alexander	"	"	"	F	S	
1171	Glushon Edward	"	"	"	F	S	
1521	Gore John	"	"	"	F	S	
580	Gow James	"	"	"	F		(I.T.E.)
507	Greanvey Cornelius	"	"	"	F		
1072	Green John	"	"	"	F		
1961	Hall Joseph	"	"	"	F	S	
1255	Hanlon John	"	"	"	F		
2284	Hardman Edward	"	D.O.W.	18. 3.46	F	S	
2048	Harrison John	"	W	21.12.45	F	S	
1758	Harvey James	"	"	"	F	S	
2075	Hayward Henry	"	"	"	F	S	
1646	Haywood Cornelius	"	"	"	F	S	
2321	Hearns John	"	"	10. 2.46	F	S	
1861	Henwood William	"	"	21.12.45	F		
996	Hewitt Joseph	"	"	"	F	S	
2416	Hinch Henry	"	"	"	F		
1291	Hopkins Charles	"	"	"	F		
1461	Host George	"	"	10. 2.46	F	S	
1271	Humphries David	"	"	"	F	S	
2026	Hunt Thomas	"	"	21.12.45	F	S	
1764	Hunt William	"	"	"	F		
1917	Hurley James	"	"	"	F	S	

2351	Huson Nathan	PTE	W	21.12.45	F	S	
2252	Irwin David	"	D.O.W.	27. 2.46	F	S	
2356	Jacques Thomas	"	W	10. 2.46	F	S	
1256	Johnson Thomas	"	"	21.12.45	F		
910	Jordan James	"	D.O.W.	28.12.45	F		
1434	Keane James	"	W	10. 2.46	F	S	(I.T.E.)
1853	Kelly William	"	"	21.12.45	F		
1831	Kenton William	"	"	"	F		
1707	Kinber Thomas	"	"	10. 2.46	F	S	
1722	King William	"	"	21.12.45	F		(Died 11.6.46)
1890	Knapton George	"	"	"	F		
1762	Knibbs George	"	"	"	F		
2023	Larkins James	"	"	"	F	S	
1245	Lurahan John	"	"	"	F		
840	McCann John	"	"	"	F		
1558	McCarthy Patrick (or 2000)	"	"	"	F	S	
2344	McDonald Robert	"	"	"	F	S	
1546	McEvoy Denis	"	"	"	F		
2142	McGarr John	"	"	10. 2.46	F	S	
2451	McGovern John	"	"	"	A	S	
2132	McKay Thomas	"	"	"	F	S	
2290	Mack Morris	"	"	21.12.45	F		
2104	Magee F (as Cpl)	"	"	10. 2.46		S	
2239	Malone Thomas	"	"	"	F	S	
1225	Mangan Patrick	"	"	21.12.45	F		
1882	Marsh George	"	"	"	F		
1810	Messenger George	"	"	"	F		
1889	Mullins James	"	"	"	F	S	
"	"	"	"	"	10. 2.46	F	S	
1364	Mitchell James	"	"	21.12.45	F	S	
1840	Murphy Felix	"	"	10. 2.46	F	S	
778	Murray John	"	"	"	F	S	
2224	Nash Samuel	"	"	21.12.45	F	S	
800	Neil Thomas	"	D.O.W.	9. 4.46	F		
1768	Newman Thomas	"	"	7. 2.46	F		
1676	Norris Henry	"	W	21.12.45	F		
1669	O'Brien Michael	"	"	"	F		
1983	O'Connell Cornelius I	"	"	"	F		
2438	Odham Benjamin (892 or 1651)	"	"	10. 2.46	A	S	
2037	Olden Charles	"	"	"	F	S	
2243	O'Neil Thomas	"	"	21.12.45	F		
1759	Page James	"	"	"	F	S	
2459	Parfitt Joseph	"	D.O.W.	2. 3.46	A		
2069	Pearce George	"	W	21.12.45	F		
2419	Pemberton George	"	"	"	F	S	
1041	Petts Thomas	"	"	"	F		(Died 1.3.46)
1458	Pierson Patrick	"	"	"	F	S	
2409	Piggot John	"	"	10. 2.46	F	S	(I.T.E.)
1203	Pike Thomas	"	"	21.12.45	F		
1345	Poole Herbert	"	"	"	F		
1362	Quinlan Andrew	"	"	"	F		
2375	Quinn Robert	"	"	"	F		
2127	Reddy James	"	"	"	F		
1472	Redmond Thomas	"	D.O.W.	1. 2.46	F		
1078	Reilly Patrick	"	W	21.12.45	F	S	
2052	Robbins George	"	"	"	F		
1206	Roberts John	"	D.O.W.	3. 3.46	F		
2221	Robinson Thomas	"	W	10. 2.46	F	S	
1460	Rogers Thomas	"	"	21.12.45	F	S	
813	Rooney Hugh	"	"	"	F		
2119	Rutledge Thomas	"	"	"	F	S	
1904	Ryan John	"	"	"	F	S	
1407	Ryan Patrick	"	"	"	F	S	
774	Ryan Patrick (or 805)	"	D.O.W.	13. 3.46	F	S	
1905	Sadlier Clement	"	W	21.12.45	F	S	
1719	Salter James	"	"	10. 2.46	F	S	
1782	Sanderson James	"	"	21.12.45	F		
1157	Sarson George	"	D.O.W.	26. 1.46	F		
1927	Scott John	"	W	21.12.45	F		
2166	Satelle Frederic	"	"	"	F		

2396	Sheller William	Pte	W	21.12.45	F		
838	Sherlock James	"	"	"	F	S	
1650	Shore William	"	"	"	F		
1211	Short Joseph	"	"	"	F		
2191	Simpson William	"	"	"	F		
1816	Smith Edward	"	"	"	F	S	
968	Smith Hugh	"	"	"	F		
1518	Smith Thomas	"	"	"	F		
2256	Smith William	"	D.O.W.	31.12.45	F	S	(S doubtful)
1328	Smithead Ambrose	"	W	10. 2.46	F	S	(Died 12.4.46)
2440	Stammers Samuel (or 1720)	"	D.O.W.	20. 2.46	A	S	
1820	Storer Thomas	"	W	21.12.45	F		
2115	Storres Joseph	"	"	"	F	S	
1597	Strange John	"	"	"	F	S	
1007	Sutton Thomas	"	"	"	F	S	
2452	Swatton Henry	"	"	10. 2.46	A	S	
2302	Tann Henry	"	"	21.12.45	F		
1857	Taylor John	"	"	"	F		
1671	Taylor John	"	"	"	F	S	
2042	Ter George	"	"	"	F		
1278	Thompson Christopher	"	"	"	F	S	
2125	Tilford John	"	"	"	F	S	
1605	Timmon Henry	"	"	"	F		
1667	Townsend Henry	"	"	"	F	S	
2062	Trimlan George	"	"	"	F		
1048	Tubbert Joseph	"	"	"	F		
1951	Vater George (1959)	"	"	10. 2.46	F	S	
1957	Vater John	"	"	21.12.45	F	S	
1517	Walker Charles	"	"	"	F	S	
1464	Ward Thomas	"	D.O.W.	10. 1.46	F		
2384	Watkins Thomas	"	W	21.12.45	F	S	
1735	Watkins William	"	"	"	F	S	
1531	Westcott James	"	"	"	F	S	
1564	Weston Stephen	"	"	"	F		
1788	Wiggins Henry	"	"	"	F		
1075	Wilby Richard	"	"	"	F		
1307	Wilton Christopher	"	"	"	F	S	
2023	Woodford James	"	"	"	F	S	
729	Wright John	"	D.O.W.	26. 1.46	F		
	Banon Richard G D	ASS/Surg.	Taken prisoner at Buddiwal - A				
	Rutherford William	"	To England I/C wounded - S				
908	Pearce John	Col/Sgt	Died	8. 4.46	F	S	
1191	Brien Patrick	Pte	"	8. 7.46	F	S	
2205	Burt Thomas	"	"	19. 1.46	F		
1366	Byrne Patrick	"	"	31.12.45	F		
1753	Coggins Charles	"	"	3. 5.46	F	S	
1554	Cosier Charles	"	"	13. 1.46	F		
2334	Fuller Thomas	"	"	6. 6.46	F	S	
2435	Gainsford James (or 1424)	"	"	9. 6.46	A	S	
1951	Hammersly Henry	"	"	28. 4.46	F	S	
2251	Harper John	"	"	15. 3.46	F	S	
2321	Hawkins George	"	"	16. 7.46	F	S	
2064	Imber Thomas	"	"	9. 8.46	F	S	
2283	Judd William	"	"	5. 2.46	F		
2258	Langley William	"	"	13. 4.46	F	S	
1238	Lownon or Lounon Edward	"	"	11. 2.46	F	S	
1298	Mooney John	"	"	23. 3.46	F	S	
2374	Roach William (as Cpl)	"	"	27. 4.46	F		
2465	Smith Nicholas	"	"	9. 4.46	A		
1982	Swaine Edward	"	"	18. 6.46	F	S	
1969	Thornhill Thomas	"	"	21. 1.46	F		

80th FOOT

Best A D W	Capt	K.I.A.	21.12.45	M	F
Scheberras R	"	"	"	M	F
Bythesea G C G	Lieut	"	22.12.45	M	F

No.	Name	Rank	Fate	Date					
1179	Storey Thomas	Sgt	K.I.A.	18.12.45	M				
1958	Brown Thomas	Cpl	"	21.12.45	M	F			
1096	Lett Edward	Drmr	"	10. 2.46	M	F		S	
1896	McDermott William	"	"	21.12.45	M	F			
685	Atkinson Robert	Pte	"	18.12.45	M				
1696	Bates Thomas	"	"	21.12.45	M	F			
2213	Bishop John	"	"	10. 2.46	M	F		S	
923	Boardman John	"	"	"	M	F		S	
1707	Butler Daniel	"	"	21.12.45	M	F			
1877	Cagby William	"	"	"	M	F			
1282	Clayson William	"	"	"	M	F			
1866	Coghlan John	"	"	10. 2.46	M	F		S	
1576	Cooper Henry	"	"	21.12.45	M	F			
2032	Denton Ebenezer	"	"	"	M	F			
2207	Dixon Thomas	"	"	18.12.45	M				
1533	Douglas James	"	"	21.12.45	M	F			
1830	Field Edward	"	"	10. 2.46	M	F		S	
1021	Frost William	"	"	21.12.45	M	F			
2013	Gilligan Owen	"	"	21. 1.46			A		
1997	Green Joseph	"	"	21.12.45	M	F			
1751	Green William	"	"	10. 2.46	M	F		S	
1144	Hall John	"	"	21. 1.46			A		
813	Harvey Thomas	"	"	21.12.45	M	F			
1014	Hennessy Michael	"	"	18.12.45	M				
1188	Hill Nicholas	"	"	21.12.45	M	F			
1926	Howard John	"	"	"	M	F			
2066	Kelly John	"	"	"	M	F			
1604	Laurie James	"	"	"	M	F			
962	Lee Philip	"	"	"	M	F			
640	Madine Patrick	"	"	"	M	F			
865	Mansbridge John	"	"	"	M	F			
572	Milner Thomas	"	"	"	M	F			
1654	Mitchell John	"	"	10. 2.46	M	F		S	
1171	Morton Thomas	"	"	21.12.45	M	F			
1561	Newell John	"	"	18.12.45	M				
1662	Nixon John	"	"	21.12.45	M	F			
938	Ormrod George	"	"	10. 2.46	M	F		S	
1301	Palmer William	"	"	21.12.45	M	F			
1220	Rae David	"	"	"	M	F			
1119	Rathbone James	"	"	"	M	F			
1584	Rice William	"	"	21. 1.46			A		
2029	Richards James	"	"	10. 2.46	M	F		S	
2437	Roberts Charles	"	"	21. 1.46			A		
2085	Robinson John	"	"	21.12.45	M	F			
1789	Rolfe Thomas	"	"	"	M	F			
1555	Scott William	"	"	10. 2.46	M	F		S	
1350	Shearing John	"	"	"	M	F		S	
937	Simpson James	"	"	21. 1.46			A		
2042	Skinner Thomas	"	"	21.12.45	M	F			
2006	Sutcliffe Samuel	"	"	10. 2.46	M	F		S	
2078	Thomas Edmond	"	"	21. 1.46			A		
1570	Toole John	"	"	21.12.45	M	F			
2252	Welton John	"	"	10. 2.46	M	F		S	
1560	Williamson John	"	"	21.12.45	M	F			
1392	Wilson Peter	"	"	"	M	F			
1904	Wilson Thomas	"	"	"	M	F			
2151	Woodward James	"	"	"	M	F			
1513	Yates Joseph	"	"	"	M	F			
	Bunbury F CB	Lt/Col	W	28.12.45	M	F		S	
	Wood Robert B (ADC)	"	"	21.12.45	M	F		S	
	Lockhart R A	Major	"	"	M	F		S	
	Cookson W	Capt	"	10. 2.46	M	F		S	
	Haines F P	"	"	21.12.45	M	F			
	Crawley R M	Lieut	D.O.W.	20. 2.46	M	F		S	
	Fraser S	"	"	24.12.45	M	F			
	Freeman M D	"	W	21.12.45	M	F			
	Holdich E A (ADC)	"	"	10. 2.46	M	F	A	S	
	Kingsley E N	"	"	"			A	S	
	Kirkland M	Ensign	"	21.12.45	M	F			
	Wandesforde W B C S	"	"	10. 2.46				S	(Wounded twice on IOt)
1441	Christian John	Sgt	"	21.12.45	M	F			

1546	Mott William	Sgt	W	10. 2.46	M	F	S	
722	Stanfield Thomas	"	"	"	M	F	S	
753	Turner Charles	"	"	"	M	F	S	
2240	Aspden Benjamin	Cpl	"	22.12.45	M	F		
1346	Black Thomas or Bleack	"	"	"	M	F		
1929	Clayton John	"	"	18.12.45	M	F		
1640	Faqney Daniel	"	"	21.12.45	M	F		
970	Goodhale Edmund	"	"	10. 2.46	M	F	S	
1677	Heaseman William	"	"	21.12.45	M	F		(I.T.E.)
1617	King David	"	"	10. 2.46	M	F	S	
1098	Flovey William	Drmr	"	"	M	F	S	
2258	Simmonds Thomas	"	"	22.12.45	M	F		(I.T.E.)
1019	Allen Isaac	Pte	"	10. 2.46	M	F	S	
1529	Allsop Francis	"	"	21.12.45	M	F		
1696	Bates Thomas	"	"	10. 2.46	M	F	S	
1902	Benstead James	"	"	"	M	F	S	
2250	Besley William	"	D.O.W.	17. 2.46	M	F	S	
1687	Blades Thomas	"	W	21.12.45	M	F		(I.T.E.)
2194	Bowler Edward	"	"	"	M	F		
1548	Brown William	"	"	"	M	F	S	
1781	Byrne Patrick	"	"	10. 2.46	M	F	S	(I.T.E.
1879	Chapman James	"	D.O.W.	2. 3.46	M	F	S	
1911	Clarke William	"	W	18.12.45	M	F		
2119	Connor Richard	"	"	21.12.45	M	F		
1075	Cook John	"	"	18.12.45	M	F	S	
1923	Cooper Frederick	"	"	10. 2.46	M	F	S	
2227	Crowley John	"	"	21.12.45	M	F		
2242	Danton William	"	"	22.12.45	M	F		
1294	Davison Farrington	"	D.O.W.	12. 1.46	M	F	S	
782	Davison William	"	W	18.12.45	M	F	S	
1344	Dickson David	"	"	21.12.45	M	F		(I.T.E.)
2054	Dolby William	"	D.O..	4. 3.46	M	F	S	
1292	Dow Joseph	"	W	10. 2.46	M	F	S	
1977	East Alfred	"	"	18.12.45	M	F		
491	Eastman William	"	"	21.12.45	M	F		
1690	Eaton Thomas	"	"	10. 2.46		A	S	
1565	Edis Robert	"	"	21.12.45	M	F		
1276	Edwards Thomas	"	"	"	M	F		
541	Eke Timothy	"	"	"	M	F		(I.T.E.)
1138	Ellis Ernest	"	"	"	M	F	S	
1078	Evans Barton	"	"	"	M	F		
2216	Evans Joseph	"	"	"	M	F	S	
1343	Fisher James	"	"	"	M	F		
1427	Flannery Patrick	"	"	18.12.45	M	F	S	
"	"	"	"	21.12.45	M	F	S	
1498	Foot Henry	"	D.O.W.	29.12.45	M	F		
1616	Foothead John N	"	W	18.12.45	M	F		(I.T.E.)
1069	Franch John	"	"	"	M	F		
1270	Freeman William	"	"	21.12.45	M	F	S	
1507	Freman Caleb	"	"	10. 2.46	M	F	S	
1620	French Raymond	"	D.O.W.	21. 7.46	M	F		
1767	Gamester Robert	"	W	18.12.45	M	F	S	
1329	Granger John	"	"	21.12.45	M	F	S	
1068	Greer John	"	"	"	M	F	S	
2153	Gulher John	"	"	10. 2.46	M	F	S	
1768	Harding John	"	"	21.12.45	M	F		
1672	Hardwick George	"	"	10. 2.46	M	F	S	
1725	Harrington George	"	"	"	M	F		
2083	Harrington James	"	"	21.12.45	M	F	S	
1587	Harris William	"	"	"	M	F		(I.T.E.)
755	Hart John	"	"	"	M	F		
2074	Haywood George	"	"	"	M	F		(I.T.E.)
1913	Hercock George	"	"	10. 2.46	M	F	S	
1196	Heveran John	"	"	"	M	F	S	
1814	Hill David	"	"	21.12.45	M	F	S	
1806	Hobbs Robert	"	D.O.W.	16. 4.46	M	F	S	
917	Homorod Henry	"	W	10. 2.46	M	F	S	(I.T.E.)
1313	Horp Thomas	"	"	"	M	F	S	
525	Hutton William	"	"	"	M	F	S	
1756	Johnson John	"	"	21.12.45	M	F		(I.T.E.

2233	Kesterson Peter	Pte	W	21.12.45	M	F	S	
1237	Lamborn John	"	"	10. 2.46	M	F	S	
1035	Lang Robert	"	"	21.12.45	M	F	S	
1509	Lilley Thomas	"	"	18.12.45	M	F		
714	Lockett George	"	"	21.12.45	M	F	S	
"	" "	"	"	10. 2.46	M	F	S	
1588	Lovegrove Levi	"	"	21.12.45	M	F	S	
2177	McNeilly William	"	"	"	M	F		(I.T.E.)
1708	Magee James	"	"	"	M	F		
1968	Massey Edward	"	"	10. 2.46	M	F	S	
1126	Massey Paul	"	"	21.12.45	M	F	S	
1963	Milligan John	"	D.O.W.	15. 3.46	M	F	S	
1899	Money John	"	"	20.12.45	M			
2138	Moore James	"	W	10. 2.46	M	F	S	
1630	Morgan Thomas	"	"	"	M	F	S	
1668	Mothershaw Thomas	"	"	"	M	F	S	
2246	Norris James	"	"	18.12.45	M	F	S	
2026	Noyes John	"	"	21.12.45	M	F	S	
1945	Nunn Jonathan	"	"	"	M	F		(I.T.E.)
935	Oddey Benjamin	"	"	"	M	F		(I.T.E.)
1218	Orr Edward	"	D.O.W.	3. 2.46	M	F		
2166	Patten Edward	"	W	21.12.45	M	F		
1520	Peake George	"	"	10. 2.46			A S	
1107	Phelan John	"	"	21.12.45	M	F		
1619	Piercey Thomas	"	"	10. 2.46	M	F	S	
946	Porter James	"	D.O.W.	15. 3.46	M	F	S	
1676	Powell Thomas	"	W	21.12.45	M	F	S	
2079	Price Henry	"	"	10. 2.46	M	F	S	
1786	Quinn Alexander	"	"	21.12.45	M	F		
1091	Quinn Edward	"	"	10. 2.46	M	F	S	
1810	Randle William	"	"	"	M	F	S	
2024	Redican Thomas	"	"	"	M	F	S	
1890	Reeve William	"	"	21.12.45	M	F		(Died 4.2.46)
2244	Reynolds George	"	"	10. 2.46	M	F	S	
830	Reynolds John	"	"	18.12.45	M	F		
1921	Rodgers Thomas	"	"	21.12.45	M	F		
1917	Sale James	"	"	10. 2.46	M	F	S	
890	Shore Edward	"	"	21.12.45	M	F		
1369	Smith Andrew	"	"	18.12.45	M	F		(I.T.E.)
1671	Smith Charles	"	"	10. 2.46	M	F	S	
1128	Sproson Charles	"	"	"	M	F	S	
1230	Stranbra Thomas	"	"	21.12.45	M	F		
1965	Stokes George	"	"	10. 2.46			A S	
2044	Talbot James	"	"	21.12.45	M	F		
1598	Tate William	"	"	"	M	F	S	
2148	Thomas Richard	"	"	10. 2.46	M	F	S	
2048	Thomas William	"	"	"	M	F	S	(I.T.E.)
2106	Tiley James	"	"	21.12.45	M	F	S	
2095	Topney Robert	"	"	18.12.45	M	F	S	
1248	Walker William	"	"	"	M	F		(I.T.E.)
1310	Walley James	"	"	21.12.45	M	F		
1665	Ward James	"	"	"	M	F		
1969	Watson John	"	"	10. 2.46	M	F	S	
942	Webb Joseph	"	"	21.12.45	M	F		
2197	Weldon Henry	"	"	"	M	F		
2259	Wedderspoon David	"	"	10. 2.46	M	F	S	
1713	Whitwell William	"	"	"	M	F	S	
846	Williams James	"	"	"	M	F	S	
2060	Williams John	"	"	"	M	F	S	
1710	Wooger Jesse	"	"	18.12.45	M	F		
1563	Wright James	"	"	21.12.45	M	F		
1504	Yates Richard	"	"	"	M	F	S	
	Warren R B	Lieut	Killed	23.12.45	M	F		(By explosion of a mine)
	Hayes F	Qr/Mstr	Died	19. 6.46	M	F	S	
1802	Allen Alfred	Sgt	"	11. 7.46	M	F	S	
1028	Hart James	"	"	30. 7.46	M	F	S	
1194	Fleming George	Cpl	"	31. 7.46	M	F	S	
2049	Lucas Hardman	"	"	22. 2.46	M	F	S	
1108	Millar Charles	"	"	8. 8.46	M	F	S	
2096	Bailey John	Pte	"	13. 1.46	M	F		

951	Barlow James	Pte	Died	24. 6.46	M	F	S	
909	Brierly James	"	"	11. 6.46	M	F	S	
1597	Brooks John	"	Burnt	11. 2.46	M	F	S	(By explosion of a mine)
1724	Burden George	"	Died	20.12.45	M			
2187	Burnes James	"	"	16. 5.46	M	F		
2255	Cavnagh James	"	"	15. 7.46	M	F		
1531	Chapman Thomas	"	"	16. 6.46	M	F	S	
1861	Dison Thomas	"	"	19. 6.46	M	F	S	
1807	Duran Robert	"	"	4. 5.46	M	F	S	
1534	Eagan Thomas	"	"	26. 7.46	M	F	S	
1941	Everett John	"	"	13. 5.46	M	F		
1793	Fordham Charles	"	Burnt	10. 2.46	M	F	S	(By explosion of a mine)
2028	Fowler John	"	Died	11. 4.46	M	F		
1197	Gillies George	"	"	8. 6.46	M	F	S	
587	Hall John	"	"	22. 2.46	M	F		
2168	Hall William	"	"	5. 6.46	M	F	S	
2099	Hill William	"	"	26. 4.46	M	F	S	
1401	Hills George	"	"	31. 7.46	M	F	S	
864	Jennings Edward	"	"	30. 7.46	M	F	S	
1284	Jones Thomas	"	"	20. 1.46	M	F		
2098	Jones William	"	"	12. 6.46	M	F	S	
1260	Kelly Edward	"	"	"	M	F		
2238	Lawler Mark	"	"	12. 7.46	M	F	S	
2113	Lloyd William	"	"	29. 6.46	M	F	S	
878	McClain Joseph	"	"	23. 1.46	M	F		
1892	McQuade Peter	"	"	25. 7.46	M	F	S	
2143	Murphy Michael	"	"	26. 5.46	M	F	S	
756	Nicklin Thomas	"	"	30. 6.46			A S	
1954	Page William	"	"	24. 5.46	M	F	S	
1805	Parkes William	"	"	17. 7.46	M	F	S	
1663	Seppings Alfred	"	"	29. 3.46	M	F		
2161	Shephard William	"	"	6. 7.46	M	F	S	
829	Slade Isaac	"	"	13. 6.46	M	F	S	
1393	Smith George	"	"	25. 7.46	M	F	S	
1516	Thriss James	"	"	-	M	F	S	
2120	Watts John	"	"	5. 8.46	M	F	S	
1699	Wood Elijah	"	"	7. 5.46	M	F	S	

ROYAL HORSE ARTILLERY

T	B								
	2	Faithfull H J G	Lieut	K.I.A.	10. 2.46			S	
1	3	Dunn S	Staff/Sgt	"	21.12.45	M	F		
3	2	Hannahan P	"	Died	-			A	
2	2	Hoare J	"	"	-			A	
1	3	Payne S	"	K.I.A.	18.12.45	M			
1	3	Sigley W	"	Died	-	M	F	S	
4	3	Wood R	"	"	-	M	F		
1	2	Doherty M	Sgt	"	-			A S	
3	3	Spriggs G W	"	"	-		F	S	
3	2	Wilkinson E	"	"	-			A S	
3	2	Heathwood R	Drill/Cpl	"	-			A S	
3	2	Collohan P	Cpl	"	-			A S	
3	3	Mather J	"	K.I.A.	21.12.45		F		
3	3	Spooner D	"	Died	-		F	S	
1	3	Brock W	Bombr	"	-	M	F	S	
3	3	Brownlow R	"	"	-		F	S	
1	3	Clarke W	"	"	-	M			
3	2	Drennan W	"	"	-			A S	
1	3	Moore J	"	"	-	M	F	S	
3	3	Uniacke R B	"	"	-		F	S	
1	3	Brown J	Farrier	"	-	M			
1	3	Lunn A	"	K.I.A.	21.12.45	M	F		
2	3	Frierman W	R.R.	Died	-			A S	
3	1	Atkins R	Gnr	K.I.A.	21.12.45	M	F		
1	3	Bermingham W	"	"	"	M	F		
3	2	Brennan R	"	Died	-			A S	
3	3	Butler J	"	"	-		F	S	

3	2	Cluskie G	Gnr	Died	-			A	S
1	3	Collins J	"	K.I.A.	21.12.45	M	F		
3	2	Coy J	"	Died	-			A	S
2	1	Daley M	"	"	-	M	F		S
1	2	Davis W	"	"	-			A	
1	2	Delohery M	"	"	-			A	S
1	2	Diffin J	"	"	-			A	S
1	2	Downes P	"	"	-			A	S
3	3	Driver D	"	"	-		F		S
3	3	Eyre B	"	K.I.A.	21.12.45	M	F		
1	3	Farris S	"	"	18.12.45	M			
1	3	Gatford C	"	Died	-	M	F		
2	2	Grace J	"	K.I.A.	10. 2.46				S
3	2	Gumley J	"	Died	-			A	S
2	3	Gwynn L	"	"	-			A	S
3	3	King C	"	K.I.A.	21.12.45		F		
2	2	Kirkpatrick T	"	Died					S
1	3	Lee J	"	"	-	M	F		S
2	3	Lloyd J	"	K.I.A.	21.12.45	M	F		
1	3	McDermott M	"	"	"	M	F		
3	3	McNulty J	"	Died	-		F		S
3	2	Martin J	"	"	-			A	S
2	2	Moran P	"	"	-				S
2	3	Muldoon T	"	K.I.A.	18.12.45	M			
2	2	Murphy J	"	"	10. 2.46				S
3	3	Nocton T	"	"	"		F		S
1	3	Oldfield J	"	"	21.12.45	M	F		
2	3	Phelan M	"	Died	-	M	F		S
3	3	Prior J	"	K.I.A.	21.12.45		F		
1	3	Prosser W	"	"	"	M	F		
1	2	Scott T	"	Died	-			A	S
2	3	Shea T	"	K.I.A.	18.12.45	M			
3	3	Stratford D	"	Died	-		F		S
1	3	Sullivan J	"	"	-	M	F		S
3	3	Teaghe D	"	K.I.A.	21.12.45		F		
1	3	Waugh G	"	"	"	M	F		

T - Troop   B - Brigade

ROYAL ARTILLERY

Coy.Btn.

4	4	Anson W	Sgt	Died	-		F	A	
LW	3	Galloway G	"	"	-				S
3	4	Green J	"	K.I.A.	18.12.45	M			
LW	3	Neaves S	"	Died	-				S
2	6	Pilkington E	"	"	-	M	F		S
4	6	Staton J	"	"	-		F		S
LW	3	Hindle T	Cpl	"	-				S
2	6	Hodgskin J	"	K.I.A.	18.12.45	M			
1	4	Ivory J	"	Died	-				
4	4	Stewart R	"	"	-		F		S
2	6	Bennett T	Bmdr	"	-	M	F		S
2	6	Cummins J	"	"	-	M	F		S
3	6	Driscoll R	"	"	-				S
1	6	Fox G	"	"	-				S
3	6	Hamill F	"	"	-				S
3	4	Johnson T	"	"	-	M	F		S
LW	3	Lawlor P	"	"	-				S
3	4	Robinson T	"	K.I.A.	10. 2.46	M	F		S
2	4	Andrews J	Gnr	Died	-		F		
3	4	Burke M	"	"	-	M	F		S
3	4	Condin G	"	"	-	M	F		S
3	4	Curtin M	"	"	-	M	F		S
2	4	Dynes H	"	"	-		F		S
LW	3	Evans J	"	"	-				S

		Name	Rank	Cas.	Date			
1	4	Evans J	Gnr	Died	-			S
2	6	Fitzgerald M	"	"	-	M	F	S
4	6	Fox J	"	K.I.A.	21.12.45		F	
1	4	Green J	"	Died	-			S
2	4	Hemmings C	"	"	-		F A	S
2	6	Howard H	"	K.I.A.	18.12.45	M		
2	6	Jackson J	"	Died	-	M	F	S
4	6	Johnson I	"	"	-		F	
k	4	Kemgh R	"	"	-			S
2	2	Kernan E	"	"	-		F	
4	6	McCrothas J	"	"	-		F	
4	6	McKenzie W	"	"	-		F	S
LW	3	Middleton L E	"	"	-			S
2	6	Murphy T	"	"	-	M	F	S
2	6	Murray J	"	"	-	M	F	S
2	6	Neil C	"	"	-	M	F	S
1	4	Pawson J	"	"	-			S
1	4	Phillips J	"	"	-			S
LW	3	Prince R	"	"	-			S
3	4	Schofield H	"	"	-	M	F	S
4	6	Siddle J	"	"	-		F	S
LW	3	Simpson R	"	"	-			S
1	6	Smith J	"	"	-			S
2	6	Smith J	"	K.I.A.	21.12.45	M	F	
3	6	Smith T	"	Died	-			S
4	6	Smith J (2)	"	"	-		F	S
1	4	Wills R	"	"	-			S

LW - Left Wing

SUTLEJ - INDIAN ARMY CASUALTIES - H.E.I.C. FORCES etc.

NAME	RANK	CAS.	DATE	ACTION	REGIMENT
Aikman C R	Ensign	Died		F	41st N.I.
Armstrong Geo. Andrew	"	K.I.A.	21.12.45	M	2nd N.I. (Gren) ?F
Beatson D C T	Lieut	D.O.W.	16. 2.46	F	14th N.I.
Bolton Thomas Wm	Capt	"	7. 1.46	F	2nd N.I. (Gren)
Burnett J Hamilton	Lt/Bv/Cpt	K.I.A.	21.12.45	F	16th N.I. (Gren)
Box Thomas	Capt	"	"	F	1st Eur. L.I.
Bruce Louis	Lt/Col	D.O.W.	31.12.45	F	12th N.I.
Byron John	Apothecary	K.I.A.	21.12.45	F	Sub.Ml.Dept.
Clark C	Capt	Died	-	F	1st Bengal Eur.Regt.
Crowly George Alfred	Lieut	K.I.A.	21.12.45	F	21st N.I.
Dashwood Francis	Capt	"	22.12.45	F	Artillery
Davidson G Hugh	Lieut	D.O.W.	11. 2.46	S	1st Eur. L.I.
Eatwell A Coverdale	"	K.I.A.	21.12.45	F	21st N.I.
Egerton John F	Capt.	D.O.W.	23. 1.46	F	Artillery
Faithfull Henry J Y	Lieut	K.I.A.	10. 2.46	S	"
Farquhar T Graham	Cornet	D.O.W.	31. 1.46	A	1st Light Cavalry
Fisher John	Capt	K.I.A.	10. 2.46	S	23rd N.I.
Fisher William	Lieut	"	18.12.45	M	10th Light Cavalry
Ford J	Vet/Surg	Died	-	A	1st Light Cavalry
Gregg Henry John	Lieut	D.O.W.	2. 3.46	F	42nd L.I.
Griffin J	Capt&Brv/Mjr	K.I.A.	21.12.45	F	24th N.I.
Hamilton George Thos	Lieut	"	18.12.45	M	24th N.I.
Hamilton F Wm A	"	"	10. 2.46	S	1st Eur L.I.
Hay Robert	"	"	"	S	50th N.I.
Holmes Wm Bervill	Capt	D.O.W.	23. 2.46	F	12th N.I.
Homright H D Van	"	"	19.12.45	M	48th N.I.
Hore William	Lt.&Br/Capt	K.I.A.	21.12.45	F	18th N.I.
Hull Lawrence Wm	Major	D.O.W.	"	F	16th N.I.(Gren)
Hunter Robt Mackellar	Capt	K.I.A.	"	F	73rd N.I.
Kendall Bernard	LT.& Br/Capt	D.O.W.	6. 2.46	F	1st Eur. L.I.

Name	Rank		Date		Unit
Lambert John	Lieut	D.O.W.	4. 3.46	F	1st Eur. L.I. ?A
Lambert Peter Colmett	"	K.I.A.	22.12.45	F	Artillery
McLaren James CB	Lt/Col	D.O.W.	26. 2.46	S	16th N.I.(Gren)
Moxon Philip	Ensign	K.I.A.	21.12.45	F	1st Eur.L.I.
Mun ro J	Lieut	"	18.12.45	M	10th Light Cavalry
Nicolson P	Lt.& Br/Capt	"	21.12.45	F	28th N.I.
Orchard J CB	Lt/Col	Died	-	S	1st Bengal Eur Reg
Playfair William D	Lieut	K.I.A.	10. 2.46	S	33rd N.I.
Pollock Robert Henry	"	"	19.12.45	M	Artillery
Rawson J Simpson	"	"	10. 2.46	S	63rd N.I.
Rideout Henry Fortescue	"	"	21. 1.46	-	47th N.I.
Scatcherd Carroll H	Ensign	"	10. 2.46	S	41st N.I.
Shuttleworth Fletcher	Capt	"	"	S	1st Eur. L.I.
Smalpage James or Smalpage Francis J	Lieut	"	28. 1.46	A	55th N.I.
Spence J	"	"	18.12.45	M	42nd N.I.
Todd Elliott D'Arcy	Capt	"	21.12.45	F	Artillery
Trower Jasper	"	"	18.12.45	M	"
Wallace Newton	Lt/Col	"	22.12.45	F	73rd N.I.
Woller J G	Lieut	"	21.12.45	F	42nd N.I.

From - India Register 1847, Bengal and Agra Directory 1846 and 1847 and Bengal Casualties L/Mil/10/105 Period 1836-1878.

Magnay E	Capt	W/Sv	Staples T	Lieut	W/Sl
Denniss G G	Lieut	"	Palmer C O B	Ensign	"
Hume A	"	W/D	Innes P R	"	"
Patullo J	"	W/Sv			

From - Regimental History Royal Munster Fusliers previously Bengal European Fusiliers.

www.ingramcontent.com/pod-product-compliance
Lightning Source LLC
Chambersburg PA
CBHW081544090426
42743CB00014BA/3135